Das Leben an Bächen & Seen

Weltbild Buchverlag –Originalausgaben–
Genehmigte Lizenzausgabe für Verlagsgruppe Weltbild GmbH, Augsburg

Umsetzung: Thema media GmbH, Zeppelinstraße 43, 81669 München

Projektleitung BILD: Florian von Heintze
Projektleitung Weltbild: Almut Seikel
Projektleitung Thema media: Angelika Lang, Felix Hilschmann
Artdirection: Veronika Illmer (BILD)
Redaktion Thema media: Angelika Lang, Detlef Singer, Frank Gnoth-Austen, Doris Gottwald
Übersetzung Thema media: Gina Beitscher, Heike Roperts, Till Lohmeyer, Sebastian Sappl
Satz Thema media: Thomas Holzner
Druck und Bindung: Mohn media Mohndruck GmbH,
Carl-Bertelsmann-Straße 161, 33311 Gütersloh

Gedruckt auf chlorfrei gebleichtem Papier

Printed in Germany

ISBN 3-89897-443-X

Das Leben an Bächen & Seen

Weltbild

Inhalt

Reges Leben am Wasser

Fische im Porträt

Vogelwelt an Gewässern

Ungewöhnliche Wirbellose

Krebse, Wasserinsekten – saubere Gewässer sind voller Leben

Die Welt der Amphibien

Am Anfang des Lebens steht die Kaulquappe

Die Säugetiere

Von Wasser-Ingenieuren und perfekten Schwimmern

Fischotter auf der
Jagd nach Fischen

Liebe Leserinnen und Leser,

was wissen wir noch von der Natur? Für die meisten von uns gilt: Viel zu wenig! Unsere Kenntnis der Vogelwelt beschränkt sich auf Amsel und Stadttaube, im Teich erkennen wir nur den Goldfisch, und wer wüßte die heimischen Gräser, Flechten und Bäume fehlerfrei zu bestimmen?

Dabei ist das Leben auch der hiesigen Tiere und Pflanzen eine Welt voller faszinierender Fragen: Warum gibt es so viele Arten? Wie entstehen Symbiosen? Wie meistern Steinböcke extreme Kälte, wie die Tiere im Watt den Gezeitenwechsel, wie Teichmuscheln den Sauerstoffmangel am Grund des Sees?

Jedes Tier, ob Kriebelmücke, Kreuzspinne oder Hausspatz, ist ein Wunder der Evolution; und auch jede Pflanze. Jedes Individuum kämpft gegen Wind und Wetter, um Platz und Nahrung, gegen Feinde und Konkurrenten. Mit Zähnen und Klauen, mit Gift und Tarnung, mit Ausdauer, Vorsicht oder Schnelligkeit.

Diese Vielfalt von Flora und Fauna, ihrer Strategien und Überlebensmittel, ist das große Rätsel der Schöpfung. Für dieses Wunder, das uns überall täglich begegnet, wollen der WWF und BILD den Blick schärfen: Mit insgesamt sechs Bänden über das Leben an Bächen und Seen, im Wald, im Gebirge, an Küste und Meer, in Feld und Wiese und im Garten.

Sechs Bände über die Schönheit und Faszination der Natur – und über ihre Gefährdung. Denn auch bei uns verschwinden Lebensräume und Arten – nicht immer aus Gier, auch aus Gleichgültigkeit, Unkenntnis, Gedankenlosigkeit.

Das wollen wir ändern. Denn Naturschutz funktioniert nur mit den Menschen, mit jedem von uns. Nur wer die Wunder und Schönheiten der Natur erkennt, weiß auch, was verlorengeht.

Doch geht es nicht nur um Tiere und Pflanzen. Letztlich geht es um uns. Ohne Naturschutz, ohne sauberes Wasser, reine Luft und unverseuchte Böden, werden auch wir nicht überleben. Jeder Naturschutz ist auch Schutz des Menschen.

Beides, die Faszination der Natur wie auch unser eigenes Interesse an ihrer Erhaltung, wollen diese Bände deutlich machen. Nicht belehrend, sondern bezaubernd – mit Grafiken und Informationen, vor allem aber mit phantastischen Fotos!

Viel Spaß beim Lesen und Blättern wünschen herzlich Ihr

Kai Diekmann
Chefredakteur BILD

Prof. Dr. Detlev Drenckhahn
Präsident des WWF Deutschland

Graureiher
bei der Fischjagd

Unverbauter Bach
im Gebirge

REGES LEBEN AM WASSER

Von der Quelle bis zur Mündung – auf diesem Weg gestaltet und prägt ein Wasserlauf das Aussehen vieler Landschaftsräume. Seine Ufer bieten Lebensraum für eine faszinierende Pflanzen- und Tierwelt.

Quellen und Bäche

Das kristallklare Wasser, das über Kieselsteine fließt oder Strudel im Flußbett bildet, schafft eine beruhigende Atmosphäre. Kaum zu glauben, welch faszinierende Lebewesen hier wohnen.

Die Eigenschaften von Fließgewässern werden bestimmt durch die Beschaffenheit des Gesteins an ihrem Ursprungsort. Kalkstein ist ein junges und sehr weit verbreitetes Sedimentgestein. Das Wasser, das in solchen Gebieten fließt, hat eine starke Erosionskraft, denn es ist in der Lage, diesen weichen Stein aufzulösen. Dadurch reichert sich das Wasser der Quellen und Fließgewässer mit Mineralsalzen an.

NATÜRLICHE QUELLEN
Karst hat eine poröse Struktur, die rasch Wasser aufnehmen kann. Das Wasser dringt tief in das Gestein ein und sammelt sich in unterirdischen, wasserführenden Schichten. An einer Stelle tritt das Grundwasser als Quelle zutage. Dieses ständig hervortretende Rinnsal strömt allmählich talwärts und bildet ein Geflecht aus mehr oder weniger stehenden und fließenden Gewässern, die sich am Ende mit einem der größeren Flüsse vereinen.

Auf seinem Weg durch das Gestein filtert das Regenwasser feine, schwebende Partikel aus dem Sediment. Säuren, die aus den oberen Bodenschichten stammen, in denen die Pflanzen langsam zersetzt werden, helfen, bestimmte, im Kalkgestein enthaltene Salze zu lösen, die dadurch in die wasserführende Schicht gelangen. Diese Vorgänge erklären auch, warum aus Quellen in Kalksteingebieten „hartes" Wasser fließt. Die Mineralien sind für die Tierwelt von Nutzen. Insbesondere Weichtiere profitieren davon, etwa die

▶ Seichte Wasserläufe bieten dem Fischotter reiche Beute. Hier kann er die Fische häufig besser erkennen als in Gewässern mit schlammigem Grund.

ÜPPIGE FLORA UND FAUNA

Durch klares Wasser kann das Licht bis zum Grund vordringen und erlaubt das Wachstum zahlreicher Wasserpflanzen, wenn der Boden mit Sand oder Schlamm bedeckt ist. Der Flutende Wasserhahnenfuß kann so dicht werden, daß man ihn sogar teilweise entfernen muß, um eine ausreichende Strömung sicherzustellen. In einem ökologisch intakten Fließgewässer bietet die Vegetation Unterschlupf und Nahrung für wirbellose Tiere, Fische und Vögel.
Auch das Ufer von Wasserläufen ist dicht bewachsen – etwa mit Wasserschwertlilien oder der Pestwurz. Deren Blätter bilden an sonnigen Böschungen einen dichten Teppich. Im Sommer erhalten die weißen Dolden von Wasserschierling und Wasserfenchel oder die cremefarbenen Blüten des Mädesüß Besuch von Libellen wie der Blauflügel-Prachtlibelle. Sie legt ihre Eier im klaren Wasser ab. Die Gebänderte Prachtlibelle fliegt ebenfalls zwischen der Ufervegetation hin und her. Die schillernden Flügel verleihen den Männchen im Flug eine gewisse Ähnlichkeit mit einem Schmetterling. Auch die rosafarbenen Blüten des Zottigen Weidenröschens bereichern das Ufer der Wasserläufe mit weiteren Farbtupfern.

▲ Bestände der gelb blühenden Wasserschwertlilie wachsen an sumpfigen Uferbereichen der Flüsse und Seen. Diese Art gedeiht bei schwacher Strömung sogar im Wasser.

◀ Vom Wasserhahnenfuß, der bis zu 6 m lange Stengel haben kann, ragen nur die Blüten über die Wasseroberfläche hinaus.

◀ Kleinlibellen sind häufig an Wasserläufen anzutreffen, wo sie im Sommer gerne auf der überhängenden Vegetation ruhen.

Das klare Wasser läßt das Sonnenlicht bis auf den Grund dringen. Im und am Wasser gedeihen zahlreiche Pflanzen, die durch ihre Fotosynthese den Sauerstoffgehalt des Wassers anreichern. Diese Pflanzen sind auf vielerlei Weise an die besonderen Lebensbedingungen im fließenden Wasser angepaßt.

◀ Das Wasser vieler Fließgewässer enthält gelöstes Kalzium. Dieses wird von Muscheln und Schnecken aufgenommen und zum Aufbau ihrer Gehäuse verwendet.

◀ Auch Krebstiere wie diese winzigen Bachflohkrebse vermehren sich in kalziumreichem Wasser, denn sie benötigen zur Bildung ihres Außenskeletts ebenfalls Kalk.

Tellerschnecke, die die im Wasser gelösten Mineralien für die Bildung ihres Gehäuses braucht.

Die Geschwindigkeit und die Turbulenz eines rasch dahinfließenden Wasserlaufs ermöglichen die Anreicherung mit dem in der Luft enthaltenen Sauerstoff. Diese schnelle Bewegung verstärkt zudem die Verdunstung und kühlt das Wasser, das bereits an der Quelle meist ziemlich kalt ist, noch weiter ab. Das ist wichtig, denn je kälter das Wasser ist, desto mehr gelösten Sauerstoff enthält es. Durch ihren hohen Sauerstoffgehalt bieten schnellfließende Gewässer gute Lebensbedingungen für eine reiche Tierwelt, die anderswo kaum existieren könnte. Gleichzeitig folgt aber daraus, daß sich jede Verschmutzung oder Erwärmung des Wassers negativ auf die dort lebenden Organismen auswirkt.

Ein Problem droht Fließgewässern im Sommer: Sie können austrocknen. Diese Gefahr wird um so größer, wenn der Mensch das Grundwasser für wirtschaftliche Zwecke entnimmt und es somit dem Gewässer entzieht.

Gar nicht so selten verkommen dann Fließgewässer, die vorher wertvolle Lebensräume waren, im Sommer zu dünnen Rinnsalen. Oder es reihen sich Tümpel aneinander, deren Wasser kaum Sauerstoff enthält. Diese Kleingewässer wärmen sich leicht auf, und ihre Bewohner sterben dann an Sauerstoffmangel. Dieses besorgniserregende Problem wäre durch einen nachhaltigen, verantwortungsbewußten Managementplan beim Umgang mit den Wasserreserven zu lösen.

▲ Bergbäche sind aufgrund des hohen Sauerstoffgehalts und der großen Zahl an Kleintieren im Wasser ein idealer Lebensraum für Bachforellen.

◄ Die Larven der Eintagsfliegen leben in sauerstoffreichen Fließgewässern. Sie stehen sowohl als Larven wie auch als erwachsene Insekten auf der Beuteliste von Bachforellen.

SAUBER UND KLAR

Die Flußnapfschnecke *(Ancylus fluviatilis)* gedeiht im sauberen Wasser mit hohem Sauerstoffgehalt. Sie haftet mit

▲ Elritzen halten sich gerne im klaren Wasser mit steinigem Untergrund auf. Diese Schwarmfische sind für Vögel und andere Fische begehrte Beutetiere.

◄ Der Graureiher wartet oft völlig unbeweglich darauf, daß ein Fisch in seine Nähe kommt. Er bevorzugt Stellen mit schwacher Strömung.

ihrem flachen, ovalen Fuß fest am kiesigen Untergrund und ernährt sich von Algen, die sie regelrecht abweidet. Im gleichen Lebensraum gedeihen Wasserpflanzen wie der Wasserhahnenfuß, die Brunnenkresse oder der Gewöhnliche Wasserstern.

Gesellige Fischarten, beispielsweise Schneider und Barbe, besuchen zur Laichzeit von Mai bis Juni die flacheren Uferbereiche. Ansonsten halten sie sich lieber in der stärkeren Strömung auf und jagen kleine Bodentiere. Am Grund der Wasserläufe lauern Döbel. Sie machen Jagd auf Köcherfliegenlarven und Kleinkrebse, die sich hinter kleinen Steinen verbergen, um den räuberischen Karpfenfischen zu entkommen.

Auf den größten Steinen inmitten des schnell fließenden Wassers lauern Bachstelzen auf Insekten, die nahe an der Wasseroberfläche fliegen. Graureiher durchwaten das seichte Wasser und erbeuten mit ihrem langen Schnabel Fische, die in ihrer Reichweite vorbeischwimmen. Von Zeit zu Zeit kündigt ein Wasserkräuseln das Auftauchen einer Bachforelle an, die nach einem Insekt oder anderen Wirbellosen an der Oberfläche schnappt. An den ins Violette spielenden Punkten an ihren Flanken ist sie in nicht zu tiefen Fließgewässern leicht zu erkennen. Zur Fortpflanzungszeit versammeln sie sich im Flachwasser, um zu laichen.

Die dichte Ufervegetation wird von den verschiedensten Insekten bevölkert. Unter den Seerosenblättern lauern Fische, um nach den Insekten zu schnappen, wenn sie ins Wasser fallen.

BEWOHNER AN FLUSS UND BACH

Der Schatten der Bäume, deren Äste und Zweige über das Wasser hängen, gehört ebenso zu den wichtigen Merkmalen dieses Lebensraums wie die von der Strömung ausgehöhlten Ufer, die Kolke.
Tief hängende Äste beschatten die Wasseroberfläche teilweise;

► Die Wasserratte oder Schermaus findet ihre Nahrung in der Ufervegetation. Gewässer halten vielerlei Pflanzen für sie bereit. Das seichte Wasser bietet jedoch wenig Schutz vor Feinden.

◄ Die prachtvollen Eisvögel sind häufig an klaren Wasserläufen anzutreffen, denn darin tummeln sich scharenweise kleine Fische, die im sauberen Wasser gut sichtbar sind.

sie sind bevorzugte Ansitzwarten für den Eisvogel. Diese Rackenvögel mit dem prachtvollen Gefieder wählen für die Fischjagd mit Vorliebe sonnige Plätze, damit ihr Gefieder nach einem Tauchgang wieder trocknen kann. Sie brüten häufig an langen, geraden und flachen Uferbereichen, an denen das Wurzelwerk einer Erle oder Weide zu sehen ist. Hier graben sie ihre Brutröhre in die lockere Erde der Uferböschung. Wenn das Ufer senkrecht aufragt, legen die Vögel ihre Bruthöhle in der Steilwand nach Möglichkeit so hoch über dem Wasser an, daß das Nest nicht einem Hochwasser zum Opfer fällt.
Die Wasserratte, auch Schermaus genannt, durchwühlt das Ufer, um in der üppigen Vegetation nach Nahrung zu suchen. Sie steht unter anderem auf der Beuteliste des Graureihers. Zwischen den Uferpflanzen ruht auch der Fischotter gern tagsüber in seinem Unterschlupf. Nur noch wenige unserer Fließgewässer sind als Lebensraum für diesen bedrohten Wassermarder geeignet.

Dabei werden sie oft von hungrigen Äschen begleitet, die es auf die Eier abgesehen haben, die die Forellen-Weibchen ins Wasser abgeben.

An warmen Abenden von Mai bis August schwärmen die Eintagsfliegen, deren einzelne Arten einander so ähnlich sind, daß nur Entomologen (Insektenspezialisten) sie zu unterscheiden wissen.

Die Larven der Eintagsfliegen, unschwer erkennbar an den drei langen Schwanzanhängen an ihrem Hinterende, entwickeln sich im Wasser. Drei Jahre lang halten sie sich zwischen Sediment und Kies am Grund von Bächen und Flüssen auf und suchen Nahrung. Sie sind sehr empfindlich gegen Wasserverschmutzung und eignen sich daher hervorragend als ökologische Anzeiger für die Gesundheit und Sauberkeit von Gewässern. Die Larven mancher Arten verlassen das Wasser und häuten sich danach an Land, bevor sie schließlich als ausgewachsene und mit Flügeln ausgestattete Insekten gemeinsam davonfliegen. Sie gesellen sich zu den oft riesigen Schwärmen von anderen Eintagsfliegen, die über dem Wasser tanzen, um sich zu paaren. Der Zeitraum, in dem die Eintagsfliege außerhalb des

IM REICH DER BRUNNENKRESSE

Schon seit Jahrhunderten wird an sauberen, langsam fließenden Bächen des Flachlands Brunnenkresse geerntet. Die Blätter dieser Pflanze mit dem leicht pfeffrigen Geschmack behalten den ganzen Winter über ihre intensive Grünfärbung bei. Früher war die Brunnenkresse wegen ihres hohen Vitamin-C- und Eisengehalts eine wertvolle Ergänzung auf der ziemlich monotonen Speisekarte der Landbevölkerung. Heute baut man die Brunnenkresse gezielt in zahlreichen Wasserläufen an. So ist sie mittlerweile weit verbreitet. An diesen Wasserläufen findet die Brunnenkresse ideale Wachstumsbedingungen. Die vom Grundwasser gespeisten Gewässer werden – ausgenommen in Trockenperioden – von nachlassenden Niederschlägen nicht beeinträchtigt. Da die Wassertemperatur stets in etwa konstant bleibt, frieren diese Bereiche selten zu. Auch im kältesten Winter weist das Quellwasser bisweilen eine Temperatur auf, die um ein paar Grad über der der Umgebungsluft liegt. Dies ist für die vielfältige Tier- und Pflanzenwelt dieses Lebensraums von Vorteil. Im Sommer sind die dichten Bestände der Brunnenkresse voller Leben. Man kann hier Ringeltauben im Seichtwasser sehen, die sich an den Kresseblättern gütlich tun. Die Teichhühner, die man sehr gut an den weißen Federn am Unterschwanz erkennen kann, schwimmen mit oder gegen die Strömung und picken nach kleinen Wirbellosen, die zwischen den Kresseblättern leben. Unter der Oberfläche versammeln sich zahllose Bachflohkrebse. Diese Krebstiere bewegen sich seitwärts und ernähren sich von organischem Material, das sich in Zonen mit geringerer Strömungsgeschwindigkeit sammelt. Sie können in manchen Fließgewässern ungeheuer zahlreich sein. Auch Wasserasseln und Blutegel fehlen in den Brunnenkressebeständen nicht.

Im Winter, wenn viele Bäche der Umgebung zufrieren, ziehen die dicht mit Brunnenkresse bestandenen Gewässer durch das offene Wasser selbst die scheusten Wildvögel an. Auch die Wasserralle, die ein schweineähnliches Quieken von sich gibt und meist eher zu hören als zu sehen ist, verläßt die Sumpfvegetation der Uferzone, um zwischen der Brunnenkresse Nahrung zu suchen. In ihrem braun, schwarz und weißlich gemusterten Tarnkleid ist die scheue Bekassine in der dichten Vegetation schwer auszumachen. Vom leuchtenden Grün der Brunnenkresse hebt sich ihr kompakter Körper jedoch deutlich ab. Die Kressebestände werden im Frühjahr auch von zahlreichen Zugvögeln geschätzt, beispielsweise vom Waldwasserläufer. Er schöpft hier Kraft, bevor er sich auf die weite Wanderung zu seinen Brutgebieten in Nord- und Osteuropa macht.

◀ Wasserrallen sind bei uns weit verbreitet, aber nicht sehr häufig. Wegen ihrer heimlichen Lebensweise sind sie nur schwer zu entdecken. Die Nahrungsvielfalt im Kressedickicht zieht sie magisch an.

▶ Die Brunnenkresse öffnet ihre weißen Blüten von Anfang des Sommers bis zum Herbst.

▼ Auf tieferen Flußläufen trifft man auch Höckerschwäne an. Sie werden angelockt von den üppig wachsenden Unterwasserpflanzen, die sie dank ihres langen Halses abweiden können.

Wassers lebt, ist – wie der Name schon andeutet – sehr kurz und dauert oft nur ein paar Stunden. Sie pflanzen sich in dieser Zeit fort, allerdings fallen viele von ihnen vorher schon ihren Feinden zum Opfer. Nach der Paarung legen die Weibchen ihre Eier ins Wasser ab.

Mit etwas Glück läßt sich der Waldwasserläufer am Ufer dicht mit Brunnenkresse bewachsener Gräben beobachten. Er sucht dort im Schutz der Deckung nach Insekten, Kleinkrebsen und Schnecken.

Teppich am Grund

Die tosenden Wassermassen bilden beispielsweise in den Schleifen eines Fließgewässers tiefere Stellen. Und dort, zwischen den verzweigten Wurzeln von Erlen und Weiden, lauern einige der größeren Raubfische. Forelle und Döbel sind zu groß, um an seichten Stellen zu schwimmen, und halten sich deshalb im turbulenten Wasser zwischen den Baumwurzeln und hinter großen Steinen auf. Döbel jagen vielerlei Beutetiere, etwa eine große Raupe, die von einem Zweig gefallen ist, einen unvorsichtigen Schneider oder eine junge Barbe, die sich von ihrem Schwarm entfernt hat.

Auf der Suche nach Fischbrut, Würmern und Krebstieren streifen große Flußbarsche in der Nähe der dichtbewachsenen Ufer der Wasserläufe umher. Ihre grünlichen Schuppen mit den dunklen Querbändern bieten ihnen zwischen den üppigen Wasserpflanzen eine ideale Tarnung. An den tiefsten Stellen lauert der Hecht, der größte und gefährlichste Räuber in diesen Gewässern. Sein langer, muskulöser Körper und seine mächtigen Kiefer erlauben es ihm, alle Arten von Beutetieren anzugreifen. Hechte bevorzugen Karpfenfische wie Rotaugen, fressen aber auch Forellen und nicht selten kleinere Artgenossen. Auch auf Frösche, junge Enten und Wasserratten machen sie Jagd.

▲ Der Hecht vertraut bei der Jagd auf seine guten Augen. Im klaren Wasser mit der üppigen Ufervegetation findet er ideale Bedingungen, um seinen Beutetieren aufzulauern.

► Bachneunaugen wandern nicht. Diese langgestreckten Fische leben das ganze Jahr über in kleineren Flüssen und Bächen mit kalkhaltigem Wasser.

Ein ständiger Bewohner schnell fließender Abschnitte von Fließgewässern ist das Bachneunauge, das kleinste unserer Neunaugen. Der kieferlose Fisch gehört zur Klasse der Rundmäuler. Sein Körper ähnelt dem des Aals. Durch die reihenförmig angeordneten Kiemenöffnungen, das Fehlen von paarig angeordneten Flossen sowie die scheibenförmige Mundöffnung unterscheidet sich das Bachneunauge von den meisten anderen Fischen. Als einziges Neunauge verbringt das Bachneunauge sein ganzes Leben im Süßwasser und wandert nicht ins Meer.

Von Mitte April bis Ende Juni, wenn die Wassertemperatur noch niedrig und der Sauerstoffgehalt hoch ist, versammeln sich die erwachsenen Bachneunaugen in großer Anzahl an seichten, langsam fließenden Stellen der Wasserläufe, um sich zu paaren und abzulaichen. Während dieser Zeit nehmen sie keine Nahrung auf und sterben nach der Eiablage. Die geschlüpften Larven verbergen sich im Schlamm und Sand. So verbringen sie die meiste Zeit ihres Lebens (3–5 Jahre), bis sie groß genug sind, ihren Platz in der vielfältigen Tierwelt dieses Süßwasserlebensraums einzunehmen.

DIE NATUR BEOBACHTEN

WAS KANN MAN AN UND IN BÄCHEN ERFORSCHEN?

- Die besten Wasserläufe findet man in Gebirgen. Grundsätzlich ist der Zugang zu allen Gewässern frei, außer sie sind als Privatgelände oder Laichschutzgebiet besonders gekennzeichnet.
- Die besten Möglichkeiten zur Beobachtung des Tierlebens bieten unverbaute Oberläufe der Gebirgsflüsse. Es lohnt sich, dort im klaren Wasser Steine hochzunehmen, um die darunter verborgenen Larven von Eintags- und Köcherfliegen zu entdecken. Erstere sind leicht kenntlich an den drei Hinterleibsanhängen.
- Besonders in Eintiefungen (Gumpen) stehen Bachforellen. In dem klaren, sauerstoffreichen Wasser fühlen sie sich wohl. Dagegen hält sich die Koppe, ein Bodenfisch, gerne in Höhlungen unter Steinen auf und ist daher nicht so leicht zu entdecken.
- Ein besonderes Erlebnis bietet der Gebirgsbach dem Vogelbeobachter, denn dort trifft er die Wasseramsel, einen Singvogel, der schwimmen und tauchen kann. Häufig steht sie auf einem überspülten Stein im Bach und stürzt sich von dort aus in die Fluten.

„Blüten" (Sporophyllstände) des Ackerschachtelhalms

Wasserpflanzen

Zahlreiche Pflanzenarten sind an das Leben im und am Wasser angepaßt. Manche leben völlig untergetaucht und haben wenig entwickelte Blätter; andere erfreuen uns mit schönen Blüten. Unser Buch stellt einige dieser faszinierenden Pflanzen vor.

In und an fast allen Gewässern gibt es Pflanzen. Dabei unterscheidet man zwischen Wasser-, Schwimmblatt- und Sumpfpflanzen. Wasserpflanzen leben über Wurzeln verankert im Boden oder frei schwimmend immer untergetaucht, nur ihre Blüten schieben sie über die Wasserfläche empor. Schwimmblattpflanzen wurzeln im Boden, ihre Blätter schwimmen auf der Wasseroberfläche. Sumpfpflanzen stehen nur mit den Füßen im Wasser, der größte Teil der Pflanzen erhebt sich über die Wasseroberfläche. Auf den folgenden Seiten stellen wir einige dieser Pflanzen vor.

Die Pflanzen im Wasser lassen sich in verschiedene Familien gliedern: Zu den bekannteren gehören die Seerosen-, Hornblatt- und Fieberkleegewächse. Diesen Familien gehören meist nur wenige Arten an, aber jede von ihnen kann sehr weit verbreitet sein, manche sogar weltweit.

Anpassungen an das Wasserleben

Die langen, oft dünnen Stengel und die Unterwasserblätter besitzen weder eine Wachsschicht noch Härchen – diese Schutzanpassungen benötigen Landpflanzen, die von Austrocknung bedroht sein können. Wasserpflanzen können also mit der gesamten Oberfläche atmen. Da keine Gefahr der Austrocknung besteht, fehlen auch Spaltöffnungen, die den Gasaustausch bei den Landpflanzen ermöglichen. Leitungsbahnen für den Transport von Wasser und Nährstoffen, typisch für Landpflanzen, fehlen bei den Wasserbewohnern ebenfalls. Wurzeln, Stiele und hohle oder schwammartige Blätter ermöglichen den Eintritt von Sauerstoff in die gesamte Pflanze. Die Wurzeln, die oft tief im Schlamm stecken und keinen Sauerstoff erhalten, haben einen speziellen Chemismus entwickelt, der den Stoffwechselprozeß in den Zellen aufrechterhält.

Im Wasser lebende Pflanzen entwickeln sich entweder ganz oder nur teilweise unter Wasser. Manche Blätter, etwa die der Seerosen, schwimmen auf der Oberfläche. Unterwasserblätter sind oft schmal oder fein gefiedert, denn sie werden in der Strömung bewegt.

Die Blüten sind entweder groß und stehen einzeln oder sie sind ährig über der Wasseroberfläche angeordnet. Andere sind winzig klein und dann meist untergetaucht.

▲ **Fünf leuchtendgelbe Kelchblätter kennzeichnen die rundlichen, stark duftenden Blüten der Gelben Teichrose. Die 30 cm großen herzförmigen Schwimmblätter ähneln denen der Weißen Seerose.**

Ein Teichfrosch auf der Lauer. Die breiten grünen Schwimmblätter der Weißen Seerose bieten den idealen Platz zur Tarnung. Jetzt braucht sich nur noch das erste Insekt auf die Blüte zu stürzen.

KENNKARTE

Weiße Seerose
Nymphaea alba
Größe: 1–3 m lang
Merkmale: Robuste Pflanze mit dickem Wurzelstock; Blätter und Blüten in Gruppen; Schwimmblätter an langen, hohlen Blattstielen, 10–30 cm lang, rundlich mit tiefem, zentralem Einschnitt; weiße Einzelblüten, 10–20 cm breit, mit gelben Staubgefäßen; Früchte kugelförmig
Lebensraum: Im freien Wasser von Weihern, Teichen, Seen, Kanälen und langsamen Fließgewässern, vor allem über schlammigem Grund
Blüte: Juni bis August

Gelbe Teichrose
Nuphar lutea
Größe: 1–3 m lang
Merkmale: Robust mit dickem und verzweigtem Wurzelstock; Blätter und Blüten in Gruppen; Schwimmblätter an langen, hohlen Blattstielen, 10–40 cm lang, Blätter eiförmig mit schmalem, tiefem Einschnitt oder untergetaucht und herzförmig; gelbe Einzelblüten, 4–6 cm breit, bauchig; Früchte birnenförmig
Lebensraum: Stehende und langsam fließende Gewässer
Blüte: Juni bis September

Kleine Teichrose
Nuphar pumila
Größe: 0,5–2,5 m
Merkmale: Ähnelt der vorhergehenden Art, ist aber sehr viel kleiner; Blätter und Blüten in Gruppen; Blüten 1,5–3,5 cm breit; vermischt sich mit der Gelben Teichrose, wodurch Zwischenformen (Hybriden) entstehen
Lebensraum: Moor- und Gebirgsseen mit wenig Nährstoffen, kleine Bäche
Blüte: Juni bis Juli

Rauhes Hornblatt
Ceratophyllum demersum
Größe: 30–150 cm
Merkmale: Untergetauchte, ziemlich steife, dunkelgrüne Blätter, stehen in Quirlen zu je 3–8, oben an den Stielen sehr dicht gedrängt, 1–2mal gegabelt; winzige, unscheinbare, grüne Blüten mit 6–12 Blütenhüllblättern; schwarze Früchte, 4–5 mm lang, mit 2 Stacheln an der Basis
Lebensraum: Stehende oder langsam fließende, nährstoffreiche, sommerwarme Gewässer, Altwasserarme
Blüte: Juni bis August

Glattes Hornblatt
Ceratophyllum submersum
Größe: 20–80 cm
Merkmale: Unterwasserpflanze, die der vorhergehenden Art ähnelt; ihre Blätter sind jedoch weniger steif, außerdem glatter, heller grün und 3–4mal gabelig geteilt; 3–4 Früchte mit nur 1 Stachel an der Basis
Lebensraum: Weiher, Teiche, Gräben und Altwasserarme, häufig in Küstennähe, dort auch in brackigem Wasser
Blüte: Juli bis September

GEFÄHRLICH

Unbekannte Gewässer sind gefährlich, denn man weiß nicht, wie tief sie sind. Achten Sie auf rutschige, unsichere Böschungen, auf Schlamm und nicht sichtbare Gegenstände (Glasscherben). Beim Schwimmen kann man sich in Wasserpflanzen verfangen.

▶ **Die Weiße Seerose ist in ganz unterschiedlichen Gewässern anzutreffen – vom kleinen Weiher bis zum großen See. Ihre schönen weißgelben Blüten öffnen sich von Juli bis August.**

Sechsmänniger Tännel
Elatine hexandra

Seekanne
Nymphoides peltata

Wasserpfeffer-Tännel
Elatine hydropiper

Der weitverbreitete Fieberklee ist eine überaus interessante Pflanze. Von April bis Juni schmücken seine weißen oder leicht rosaroten Blüten die flachen Uferbereiche von stehenden Gewässern, die Verlandungszonen von Seen und Bächen, aber auch Feuchtwiesen.

Fieberklee
Menyanthes trifoliata

KENNKARTE

Seekanne
Nymphoides peltata
Größe: Bis 1,5 m
Merkmale: Ähnelt der Gelben Teichrose, besitzt aber wesentlich kleinere Schwimmblätter mit tief herzförmigem Grund; Blätter und Blüten oft dicht gedrängt; Blüten trichterförmig, 3–4 cm breit, Blütenblätter leuchtendgelb, am Rand gefranst
Lebensraum: Seichte, stehende und langsam fließende Gewässer über Schlammböden; nur im Tiefland
Blüte: Juli bis August

Fieberklee
Menyanthes trifoliata
Größe: Bis 40 cm
Merkmale: Wächst in dichten Beständen; Blätter dreiteilig, erinnern an Klee, ragen aus dem Wasser hervor; Blüten in langen, gut sichtbaren Trauben, Blütenblätter weiß oder leicht rosarot, bärtig behaart
Lebensraum: Verschiedene Moore, Verlandungszonen, Torfstiche mit stehendem Wasser, anmoorige Wiesen
Blüte: April bis Mai

Sechsmänniger Tännel
Elatine hexandra
Größe: 2–20 cm
Merkmale: Untergetaucht; einjähriges Kraut mit zartem Sproßsystem und Nebenwurzeln; Blätter gegenständig und schmalelliptisch, oft rötlich; winzige Blüten
Lebensraum: Ränder von Mooren, schlammige Seeufer oder untergetaucht lebend; bei uns nur vereinzelt vorkommend
Blüte: Juni bis August

Wasserpfeffer-Tännel
Elatine hydropiper
Größe: 2–15 cm
Merkmale: Wie vorhergehende Art einjähriges Kraut mit zartem Sproßsystem und Nebenwurzeln; Blätter schmal eiförmig bis spatelförmig; Blüten unscheinbar, ungestielt mit 4 rosafarbenen Blütenblättern und 8 Staubgefäßen
Lebensraum: Oft untergetaucht lebend, gelegentlich direkt auf schlammigem Boden; vereinzelt in Mittelgebirgen, sehr selten im Tiefland
Blüte: Juli bis August

KENNKARTE

● **Teichwasserstern**
Callitriche stagnalis
Größe: Bis 60 cm, aber häufig kleiner
Merkmale: Schwimmt im Wasser oder wächst kriechend an trockengefallenen Schlammufern; zarte Blätter blaßgrün, linealisch bis eiförmig gestielt, obere bilden schwimmende Rosetten; Blüten hellbraun, winzig, mit 4 Lappen, breit geflügelt
Lebensraum: Verbreitet, häufig in Bächen, Seen, Tümpeln, Gräben und Wagenfurchen im Wald
Blüte: Mai bis Oktober

● **Flachfrüchtiger Wasserstern**
Callitriche platycarpa
Größe: Bis 10 cm
Merkmale: Oft kriechend, vergleichbar mit der vorherigen Art, aber mit schmaleren, dunkler grünen Blättern; die Rosettenblätter sind breit- bis schmalelliptisch; Früchte schmal geflügelt
Lebensraum: Verbreitet, aber vor allem in kalkhaltigen, seichten Gewässern von Tümpeln, Bächen und Gräben anzutreffen
Blüte: April bis Oktober

● **Herbst-Wasserstern**
Callitriche hermaphroditica
Größe: Bis 50 cm
Merkmale: Bildet regelrechte Polster; Blätter gelbgrün, untergetaucht (keine Schwimmblätter), bis 20 mm lang, schlank, lineal, an der Spitze abgestutzt; Blüten unscheinbar, winzig; Früchte im allgemeinen groß geflügelt
Lebensraum: Vereinzelt in nährstoffreichen, kalkarmen Gewässern wie Weihern, Teichen, Seen und Bächen Norddeutschlands
Blüte: Juni bis September

● **Hakenwasserstern**
Callitriche hamulata
Größe: Bis 20 cm
Merkmale: Dunkelgrüne, sehr robuste Pflanze; elliptische Blätter, schwimmend, untergetaucht, schlank, vorne deutlich gekerbt; winzige, unscheinbare Blüten, blattachselständig; Früchte schwarz mit schmalen Flügeln
Lebensraum: Selten; vorwiegend in kalkarmem Wasser von Seen und Bächen sowie langsamen Fließgewässern
Blüte: April bis August

Teichwasserstern
Callitriche stagnalis

Herbst-Wasserstern
Callitriche hermaphroditica

Hakenwasserstern
Callitriche hamulata

Flachfrüchtiger Wasserstern
Callitriche platycarpa

DIE NATUR BEOBACHTEN

WO KANN MAN WASSERPFLANZEN SEHEN?

● Wasserpflanzen kann man in allen Gewässern antreffen – vom kleinen Weiher bis zum großen See. Manche Arten sind nur lokal verbreitet, weil sie besondere Mineralstoffe benötigen, hohe Anforderungen an die Wasserqualität stellen oder nur in ruhigen Gewässern vorkommen. Wegen ihrer unterschiedlichen Bedürfnisse trifft man sie nicht in ein und demselben Gewässertyp an.

● Am besten sucht man an sauberen Gewässern, die von kalkhaltigen Quellen und Bächen gespeist werden und in die kein Wasser aus landwirtschaftlich genutzten Flächen fließt. Bestimmte Arten leben nur in kalkarmen Moorgewässern über Torfgrund. Vor allem Wildbäche in der Forellenregion und Gebirgsseen besitzen eine besonders interessante Vegetation.

● Viele Wasserpflanzen trifft man aber auch in wenig gepflegten Teichen oder städtischen Kanälen an. Gelbe Teichrosen überziehen noch immer zahlreiche Seen, Weiher, Kanäle und andere Wasserläufe.

● Manche Arten sind sehr selten, werden wegen ihrer schönen Blüten aber gern in Gartenteichen gepflegt. Die Seekanne bietet hier ein gutes Beispiel.

● Umweltverschmutzung und Entwässerung haben die Anzahl und Vielfalt der Wasserpflanzen stark reduziert. Einige Arten haben sich bereits angepaßt. Sie können auch an Land leben, dort bewohnen sie trokkengefallene Bereiche in Ufernähe. Im neuen Lebensraum haben diese Pflanzenarten oft ihre äußere Gestalt etwas verändert.

Quirliges Tausendblatt
Myriophyllum verticillatum

KENNKARTE

Ähriges Tausendblatt
Myriophyllum spicatum
Größe: Bis 3 m
Merkmale: Wurzelnd; untergetauchter, flutender, rötlich überlaufener Stengel; untergetauchte Blattquirle mit meist 4 Blättern, stark unterteilt mit vielen borstenähnlichen Seitenfiedern; Blüten kaum sichtbar, gelbgrün oder rötlich, in aufgerichteten, aus dem Wasser emporragenden Ähren; Früchte kugelig-kantig, viergeteilt
Lebensraum: Verbreitet in nährstoffreichen, stehenden Gewässern oder langsam fließenden, kalkhaltigen Wasserläufen; ziemlich häufig; von der Ebene bis ins Gebirge; auch in Brackwasser
Blüte: Juni bis August

Wechselblütiges Tausendblatt
Myriophyllum alterniflorum
Größe: Bis 3 m, oft kleiner
Merkmale: Ähnlich der vorherigen Art, aber schlanker und zarter, mit kürzeren, weniger unterteilten Blättern; kurzer, ähriger, aus dem Wasser ragender Blütenstand, anfangs etwas überhängend, Blüten oben wechselständig sitzend, Kronblätter gelblich
Lebensraum: Stehende kalkarme, nährstoffarme Gewässer mit torfigem Boden, langsam fließende Wasserläufe; vereinzelt und nicht häufig
Blüte: Juli bis September

Quirliges Tausendblatt
Myriophyllum verticillatum
Größe: Bis 3 m
Merkmale: Vergleichbar mit der vorherigen Art, aber Blattquirle meist mit 5 Blättern; Blüten auf ährigem Blütenstand, grünlich, in den Achseln von gefiederten Tragblättern; glatte Früchte
Lebensraum: Verbreitet; lokal in Teichen, Gräben und an Rändern ruhiger Seen mit kalkhaltigem Wasser
Blüte: Juni bis August

Papageienfeder (ohne Abbildung)
Myriophyllum aquaticum
Aus Gartenteichen entwichenes Tausendblatt; ähnlich der vorherigen Art, aber längerer Blütenstand; kleine, gelbgrüne Blüten zwischen den Blättern; von der Südhalbkugel

Tannenwedel
Hippuris vulgaris
Größe: Bis 80 cm, manchmal auch länger
Merkmale: Im Unterschied zum Tausendblatt unverzweigte, meist aufrechte Pflanze, oft flutend; Blattquirle mit 2–6 linealischen Blättern; winzige, grünliche Blüten in den Blattachseln angeordnet; reife Frucht eiförmig, dunkelbraun
Lebensraum: Verbreitet in kalkhaltigen, nährstoffreichen Seen, Teichen, Weihern und langsamen Fließgewässern
Blüte: Juni bis August

Wechselblütiges Tausendblatt
Myriophyllum alterniflorum

Ähriges Tausendblatt
Myriophyllum spicatum

Tannenwedel
Hippuris vulgaris

Intakter Teich mit vielen Wasserpflanzen

Der vielfältige Wasserhahnenfuß

Im Frühjahr und Sommer bringen die zarten weißen Blüten der Wasserhahnenfuß-Arten Bäche und Teiche gleichsam zum Leuchten. Zehn Arten sind in unseren Gewässern zu Hause.

Die Wasserhahnenfuß-Arten bilden eine charakteristische Gruppe. Mit ihren weißen Blüten grenzen sie sich gegen alle anderen bei uns heimischen Hahnenfußgewächse ab, die gelbe Blüten haben. Der wissenschaftliche Gattungsname für diese Pflanzen ist *Ranunculus* (lateinisch „kleiner Frosch") und weist auf die ökologischen Bedürfnisse dieser Pflanzen hin: Sie haben sich an Feuchtgebiete angepaßt. Die zehn Arten der Wasserhahnenfuß-Gruppe ähneln einander sehr und können sich miteinander kreuzen, nicht aber mit den übrigen Arten.

Die „Wasserhahnenfüße" sind gewöhnlich mehrjährig, manche jedoch auch ein- oder zweijährig. Wie andere Wasserpflanzen haben sie biegsame Stengel und können sich im Wasser hin und her bewegen. Sie besitzen zwei unterschiedliche Blattformen: breite, dreilappige Schwimmblätter und gefiederte Unterwasserblätter. Zwei einheimische Arten besitzen ausschließlich Schwimmblätter, drei Arten nur untergetauchte Blätter. Die fünf übrigen Spezies stellen eine Kombination aus den beiden Grundtypen dar.

Die Blüten ragen einige Zentimeter über die Wasseroberfläche hinaus und ähneln jenen der „Landhahnenfüße". Jedes Blütenblatt weist an der Basis einen gelben Fleck auf. Die Blüten haben je fünf Kelch- und Blütenblätter, viele Staubgefäße sowie einen Fruchtknoten. Die Frucht, ein einziger Samen, ähnelt einer winzigen Nuß. Die oft sehr kurze Blütezeit dauert vom Frühjahr bis zum Anfang des Sommers. Insekten übernehmen die Bestäubung.

Neue Blattformen

Die vielfältigen Blattypen sind eine notwendige Anpassung an die Bedingungen in den verschiedenen Gewässern oder Feuchtgebieten. Der Efeublättrige Wasserhahnenfuß wächst beispielsweise auf feuchten Böden und besitzt daher keine Unterwasserblätter. Der Flutende Wasserhahnenfuß besitzt dagegen ausschließlich untergetauchte Blätter. Er wächst in tiefen Gewässern mit starker Strömung, in denen Schwimmblätter leicht beschädigt oder abgerissen werden könnten.

Der Gewöhnliche Wasserhahnenfuß weist zwei Blattarten auf. Sie erlauben es ihm, sich sowohl an verschiedene Wassertiefen als auch an Trokkenperioden in kleineren Tümpeln und Bächen anzupassen. Aufgrund dieser besonderen Wandlungsfähigkeit ist er der verbreitetste und häufigste aller Wasserhahnenfuß-Arten.

Die Artengruppe Wasserhahnenfuß ist weit verbreitet, obwohl ihr Lebensraum aufgrund von Umweltverschmutzung, Trockenlegung von Feuchtgebieten und Verlandung von Tümpeln immer mehr eingeschränkt wird. Der seltene Dreiteilige Wasserhahnenfuß wächst in zeitweilig austrocknenden Tümpeln und auf feuchten, nicht mehr befahrbaren Wegen im Heide- und Ödland sowie auf Feldern und Weiden.

Der Flutende Wasserhahnenfuß und der Pinselblättrige Wasserhahnenfuß sind größer als die anderen Arten und wuchern bisweilen recht stark, so daß man sie im Zuge der Gewässerpflege teilweise entfernen muß. Aber selbst dort, wo sie sehr üppig wachsen, bleiben Wasserhahnenfuß-Arten oft unbemerkt, solange sie nicht blühen. Aber wenn sich ihre Blüten öffnen, präsentieren sie uns unter dem sonnigen Himmel eines der schönsten Naturschauspiele, das unsere heimischen Wildpflanzen zu bieten haben.

▲ Weißblühender Wasserhahnenfuß: bewohnt die unterschiedlichsten Gewässertypen. Vielerorts leuchten die Kleingewässer in den Monaten Mai und Juni schneeweiß.

◀ Der Gewöhnliche Wasserhahnenfuß ist der am weitesten verbreitete Vertreter dieser Artengruppe. Seine weißen Blüten überziehen seichte, nährstoffreiche Gewässer.

KENNKARTE

Gewöhnlicher Wasserhahnenfuß
Ranunculus aquatilis
Größe: 50–200 cm
Merkmale: Ein- oder mehrjährig; untergetauchte Blätter in fadenförmigen Zipfeln; Schwimmblätter langgestielt, herz- oder nierenförmig, dreiteilig mit gezähnten Lappen; Blüten weiß, Durchmesser 12–18 mm, Blütenblätter länger als die ausgestellten Kelchblätter; Früchte flaumig, auf kürzeren Stielen als die angrenzenden Blätter
Lebensraum und Verbreitung: Verbreitet und bisweilen häufig in seichten Wasserläufen, Tümpeln und Gräben mit schwacher Strömung
Blüte: Mai bis August

Schild-Wasserhahnenfuß
Ranunculus peltatus
Größe: Bis 1 m
Merkmale: Ähnlich der vorhergehenden Art, Blätter aber weniger stark eingeschnitten; Blüten weiß, Durchmesser 15–30 mm; Fruchtstiele länger als Blattstiele der Nachbarblätter
Lebensraum und Verbreitung: Verbreitet und bisweilen häufig auf Wasserläufen, in Teichen und nicht zu tiefen Seen
Blüte: Mai bis August

Brackwasser-Hahnenfuß
Ranunculus baudotii
Größe: 10–30 cm
Merkmale: Ein- oder mehrjährig; Blätter untergetaucht, gelbgrün, in langen, dünnen Filamenten; dort, wo sie aus dem Wasser ragen, etwas fester; Schwimmblätter mit je 3 stark eingeschnittenen Lappen und flachem Rand, fehlen bisweilen ganz; Blüten weiß, Durchmesser 12–18 mm, Blütenblätter länger als die gebogenen Kelchblätter und mit blauen Enden; Blütenstiele mindestens 2,5mal so lang wie das gegenüberstehende Blatt; Früchte glatt, auf längeren Stielen als die benachbarten Blätter
Lebensraum und Verbreitung: In stehenden, nährstoffreichen Gewässern am Meer; selten an der Nordseeküste
Blüte: Mai bis September

Dreiteiliger Wasserhahnenfuß
Ranunculus tripartitus
Größe: Bis 40 cm
Merkmale: Ein- oder mehrjährig; Blätter untergetaucht, gelbgrün mit fadenförmigen Zungen, außerhalb des Wassers fester; Schwimmblätter tief gebuchtet, in 3–5 Lappen, grob gezähnt, fächerförmig; Blüten weiß, Durchmesser 5–10 mm, Blütenblätter bis zu 2mal so lang wie die nach hinten gebogenen Kelchblätter, mit bläulichen Enden; Früchte unbehaart
Lebensraum und Verbreitung: Selten; in Tümpeln, Weihern, Teichen, Gräben und Radfurchen auf alkalischem Boden
Blüte: März bis Juni

Pinselblättriger Wasserhahnenfuß
Ranunculus penicillatus
Größe: 1–2 m
Merkmale: Sehr ähnlich dem Schild-Wasserhahnenfuß, aber robuster; Schwimmblätter fehlen bisweilen; untergetauchte Blätter lang und weich, fallen außerhalb des Wassers zusammen
Lebensraum und Verbreitung: Verbreitet und oft häufig in schnell fließenden und nährstoffreichen Wasserläufen, vor allem über Kalkgrund
Blüte: Juni bis Juli

Gewöhnlicher Wasserhahnenfuß
Ranunculus aquatilis

Schild-Wasserhahnenfuß
Ranunculus peltatus

DIE NATUR BEOBACHTEN

WO FINDET MAN WASSERHAHNENFUSS-ARTEN?

Die Arten der Wasserhahnenfuß-Gruppe besiedeln verschiedene Still- und Fließgewässertypen. Viele Arten bilden auf Flüssen, Bächen, Seen und Weihern von geringer Tiefe schwimmende Teppiche. Andere sind auf Entwässerungsgräben, vorübergehenden Tümpeln und sogar auf feuchtem Schlamm anzutreffen. Fast alle Arten bevorzugen klares, sauberes Wasser, das viele Nährstoffe enthält.

Brackwasser-Hahnenfuß
Ranunculus baudotii

Pinselblättriger Wasserhahnenfuß
Ranunculus penicillatus

Dreiteiliger Wasserhahnenfuß
Ranunculus tripartitus

KENNKARTE

● **Efeublättriger Wasserhahnenfuß**
Ranunculus hederaceus
Größe: 10–40 cm
Merkmale: Ein- oder mehrjährig, kriechend; Blätter lang gestielt, mit flachem Rand, in 3–5 kurzen, runden Lappen, der größte davon an der Basis; Wasserblätter fehlen; Blüten weiß, Durchmesser 4–8 mm, Blütenblätter fast ebenso lang wie die Kelchblätter; Früchte unbehaart
Lebensraum und Verbreitung: Verbreitet und lokal häufig auf feuchten, schlammigen Böden, in zeitweilig trockenfallenden Tümpeln und in Wagenfurchen mit stehendem Wasser; im Tiefland selten
Blüte: Mai bis Oktober

● ***Ranunculus omiophyllus***
Größe: 10–40 cm
Merkmale: Ähnelt der vorherigen Art, aber ein- oder zweijährig; Blätter mit flachem Rand, tief eingeschnitten und 5-lappig, die größten über der Basis, hat nur Schwimmblätter; Blüten weiß, Durchmesser 6–18 mm, Blütenblätter 2mal so lang wie die gebogenen Kelchblätter
Lebensraum und Verbreitung: Lokal in kalkarmen Wasserläufen mit schwacher Strömung, in Tümpeln und Gräben von geringer Tiefe
Blüte: April bis August

● **Flutender Wasserhahnenfuß**
Ranunculus fluitans
Größe: 1–6 m
Merkmale: Mehrjährig; Blätter bis zu 50 cm lang, alle untergetaucht; Blüten weiß, Durchmesser 15–25 mm, Blütenblätter länger als die breiten Kelchblätter; junge Früchte behaart
Lebensraum und Verbreitung: Ziemlich häufig; oft größere Bestände in Bächen und Flüssen mit schneller strömendem Wasser
Blüte: Juni bis August

● **Spreizender Wasserhahnenfuß**
Ranunculus circinatus
Größe: Bis 1 m
Merkmale: Mehrjährig; kurze untergetauchte Blätter, kreisförmig in dünnen, spreizenden Zipfeln, auch außerhalb des Wassers starr; Blüten weiß, Durchmesser 10–20 mm, Blütenblätter länger als die Kelchblätter; junge Früchte behaart
Lebensraum und Verbreitung: Lokal in nährstoffreichen Seen, Flüssen, Kanälen und Gräben
Blüte: Mai bis August

● **Haarblättriger Wasserhahnenfuß**
Ranunculus trichophyllus
Größe: Bis 1 m
Merkmale: Ein- oder mehrjährig, ziemlich schlank; untergetauchte Blätter in buschig ausgestellten, kurzen, fadenförmigen Zipfeln; Blüten weiß, Durchmesser 8–10 mm, Blütenblätter fast so lang wie die Kelchblätter; junge Früchte behaart
Lebensraum und Verbreitung: Lokal verbreitet in seichten Fließgewässern mit geringer Strömung, in Stillgewässern und auf feuchten Böden
Blüte: Mai bis Juli

Efeublättriger Wasserhahnenfuß
Ranunculus hederaceus

Ranunculus omiophyllus

Flutender Wasserhahnenfuß
Ranunculus fluitans

Spreizender Wasserhahnenfuß
Ranunculus circinatus

Haarblättriger Wasserhahnenfuß
Ranunculus trichophyllus

Morgenstimmung
am Waldbach

Pärchen des
Dreistachligen Stichlings

Flußbarsch, Bewohner klarer Gewässer

FISCHE IM PORTRÄT

Die auf den nächsten Seiten vorgestellten Fischarten leben in den unteren Regionen eines Fließgewässers oder in größeren Seen.

Der Karpfen

Zu den Karpfenfischen gehören Arten, die wegen besonderer Eigenschaften gezüchtet wurden. Bunte „Karpfen-Kreationen" sind mehr für das Auge, für ihre wildlebenden Verwandten interessieren sich dagegen Sportangler.

In den Gewässern Mitteleuropas gibt es mehrere Karpfenarten, die alle eingeführt wurden. Der Karpfen *(Cyprinus carpio)* kam im Mittelalter als Speisefisch ins Land. Mönche hielten ihn in Teichen bei den Klöstern. Dieser Karpfen hat einen relativ langen, schlanken Körper und ist vollständig beschuppt. Er wird daher auch als Schuppenkarpfen bezeichnet. Später wurden Zuchtkarpfen aus osteuropäischen Fischteichen zu uns importiert. Diese Fische sind das Ergebnis von mehreren Generationen intensiver Zucht und Kreuzung, wobei verschiedene Mischformen entstanden, die Kombinationen von gewünschten Eigenschaften in ihrem Erbgut aufweisen. Neben dem Schuppen- oder Wildkarpfen gibt es noch den Spiegelkarpfen, einen Fisch mit „normaler" Karpfenform, aber mit weniger Schuppen, sowie den Lederkarpfen, der fast gar keine Schuppen mehr besitzt. Diese Fische gehören alle zu ein und derselben Art.

Die viel kleinere Karausche *(Carassius carassius)* ähnelt entfernt dem Karpfen, besitzt aber keine Barteln. Die Karausche wird in Teichen und in Aquarien als Zierfisch gezüchtet. In manchen Regionen wird sie zu Angelzwecken in Fischteichen gehalten. Karauschen sind extrem robuste Fische, die in sehr sauerstoffarmem Wasser überleben und sogar kurzzeitig fast ohne Sauerstoff auskommen können, besonders in sehr kaltem Wasser. Wenn in harten Wintern die Bäche und Teiche ganz durchfrieren, sterben meist viele Fische. Nach der Eisschmelze im Frühling ist es oft die Karausche, die als einzige Fischart den Winter überlebt hat.

EINBÜRGERUNGSEXPERIMENT

Der Graskarpfen *(Ctenopharyngodon idella)* ist ein pflanzenfressender Fisch aus Asien, der bei uns unter strengen Auflagen eingeführt wurde. Trotzdem ist er bereits in vielen Seen und Flüssen anzutreffen. In seiner chinesischen Heimat bewohnt er breite, warme Flüsse, in denen er enorme Mengen an Wasserpflanzen vertilgt. Man hat die Art bei uns unter der Annahme ausgesetzt, daß sie auch in unseren Gewässern den übermäßigen Pflanzenwuchs kurzhalten würde. Jedoch reicht der Appetit dieser Fische wegen des kühleren Klimas bei uns nicht aus, um die Verkrautung der Gewässer wirkungsvoll zu bremsen – es sei denn, die Fische werden in extremer Dichte eingesetzt, was wiederum der

EIN GUTER FANG

Ein Koi kann lernen, aus der Hand seines Besitzers zu fressen. Und ein Wildkarpfen kann im Köder des Anglers eine Gefahr erkennen. Große, alte Karpfen sind vorsichtig und aus langer Erfahrung heraus regelrecht „gerissen". Es ist viel Geduld erforderlich, um sie zu fangen – daher wird das Karpfenfischen in Anglerkreisen als besondere Herausforderung angesehen. Wegen der großen Beliebtheit des Karpfenfischens neigen viele Fischzüchter dazu, die Tiere in zu hoher Besatzdichte zu halten. So kommt es häufig zu einem Ungleichgewicht im Ökosystem der betreffenden Teiche. Als deutliches Anzeichen für diese Überpopulation verschwinden die Wasserpflanzen, die von den Karpfen entwurzelt werden. Außerdem ist das Wasser durch den ständig aufgewirbelten Schlamm und die Fischexkremente trüb. Die Karpfen durchwühlen bei der Nahrungssuche nämlich den Gewässergrund. Letztlich gehen die wirbellosen Tiere zurück, die Nahrungsgrundlage der Karpfen. Zum Glück vermeiden viele Fischereibetriebe Überbesatz; eine kleinere Karpfenpopulation ist in pflanzenreichem Wasser nicht problematisch, sondern eine Bereicherung.

◀ Schuppen-, Spiegel- und Lederkarpfen können jeweils bis zu 23 kg schwer werden. Diese prächtigen, kraftvollen Fische sind der Traum vieler Angler.

KENNKARTE

Der Karpfen gehört zur großen Familie der Karpfenartigen (Cyprinidae)*; auch die folgenden Fische zählen dazu: Elritze, Gründling, Schleie, Barbe oder Brachse. Karpfenartige sind die im europäischen Raum vorherrschende Fischgruppe des Süßwassers und liefern das Gros des Fangs von Millionen von Anglern. Viele Zuchtvarianten stammen von Fischarten dieser Familie ab.*

● NAME
Deutscher Name: Wildkarpfen, Schuppenkarpfen
Wissenschaftlicher Name: *Cyprinus carpio*

● GRÖSSE UND GEWICHT
Länge: ausgewachsene Fische im Durchschnitt 40–50 cm, in Mitteleuropa manchmal größer (bis 70 cm)
Gewicht: bis über 20 kg

● MERKMALE
Körper gleichmäßig mit Schuppen bedeckt, Färbung oberseits grünlich braun, unterseits gelblich; Maul vorstülpbar, 4 Barteln, auf jeder Seite je eine lange und eine kurze

● NAHRUNG
Allesfresser; Nahrungssuche am Gewässergrund, saugt das Sediment ein, in dem sich Algen, Würmer, Krebstiere, mitunter sogar ganze Muscheln befinden; frißt auch manchmal kleine Fische

● FORTPFLANZUNG
Laicht zu Sommerbeginn in relativ flachen Gewässern, wenn die Temperatur 2 Wochen lang über 17 °C beträgt. Ein 10-kg-Weibchen produziert mehr als 2 Millionen Eier, die es an Wasserpflanzen heftet.

● LEBENSRAUM
Warme Gewässer mit geringer Tiefe, Seen des Flachlandes, ruhige Flüsse mit schwacher Strömung und reichhaltiger Vegetation

● VERBREITUNG
Als Zucht- und Besatzfisch sowie freilebend in weiten Teilen Mitteleuropas anzutreffen

Verbreitung

Das ganze Jahr anwesend

Der Karpfen in Deutschland

▲ Der schuppenlose Lederkarpfen besitzt wie die nah verwandten Formen links und rechts am Maul jeweils zwei Bartfäden mit Sinneszellen. Mit ihnen spürt er seine Nahrung in Wasser und Schlamm auf.

Die lange Rückenflosse, die normalerweise flach nach hinten gelegt wird, besitzt an ihrem vorderen Rand einen spitzen Stachel.

Die Schwanzflosse ist eher rundlich und besteht aus 19–21 Strahlen. Mit ihr fächelt der Fisch ständig, um sich im Wasser zu stabilisieren.

Der hochgewölbte Rücken und der breite Körper unterscheiden den Zuchtkarpfen von der Wildform, die es bei uns nicht mehr gibt.

Mit seinem vorstülpbaren Maul durchwühlt der Fisch bei der Nahrungsaufnahme den Schlamm am Grund des Gewässers.

Auf jeder Schuppe sieht man die konzentrischen Wachstumsringe, die man zur Altersbestimmung eines Fisches heranziehen kann.

Gewässerökologie schaden würde. Hinzu kommt, daß der Graskarpfen weichere Pflanzen vorzieht und die im Überfluß vorhandenen, einheimischen Arten nur als zweite Wahl betrachtet. Das Experiment bestand in dem Versuch, einen exotischen Fisch als umweltverträglichen „Rasenmäher" einzusetzen, der gegen zu üppiges Wachstum von Wasserpflanzen „anfrißt". Obwohl dieser Versuch großenteils gescheitert ist, kann man froh sein, daß sich der Graskarpfen bei uns bis jetzt nicht massiv vermehrt hat.

Bereits vor 1000 Jahren wurde in China aus verschiedenfarbigen Varianten der Karausche durch gezielte Zuchtwahl eine Vielzahl von Goldfischen herausgezüchtet. Darunter sind mehrfarbige Formen oder Fische mit verlängerten Flossen (Fächerschwanz oder Schleierschwanz). Der Goldfisch ist inzwischen genetisch so einheitlich, daß er sogar einen wissenschaftlichen Namen bekommen hat: *Carassius auratus*.

▲ **Die Karausche *(Carassius carassius)* ist kleiner als der Karpfen und hat keine Bartfäden. Diese Art ist zwar winterhart, bevorzugt aber wärmeres Wasser.**

Laichzeit

Karpfen laichen im Frühjahr, wenn sich das Wasser bereits erwärmt hat. Die geschlechtsreifen Fische schwimmen zu seichten Stellen, an denen Wasserpflanzen üppig gedeihen. Dort bilden sich kleine Gruppen, die jeweils aus mehreren Männchen und einem Weibchen bestehen. Die Männchen verfolgen das Weibchen und versuchen, es mit dem Kopf zu berühren, an dem sich kleine, weiße Erhebungen – der sogenannte Laichausschlag – befinden. Ist das Weibchen laichbereit, gibt es eine große Menge an Eiern ins Wasser ab, die unmittelbar darauf von dem am nächsten schwimmenden Männchen besamt werden. Es kommt vor, daß die Weibchen in einem Zeitraum von mehreren Wochen wiederholt ablaichen, besonders wenn eine Warmwetterphase von kurzen Kälteperioden unterbrochen wird. Ein 10 kg schweres Weibchen kann so bis zu zwei Millionen Eier ins Wasser abgeben.

Für die Fortpflanzung der Karpfen sind Jahre mit heißen Sommern günstig, denn dann findet die Fischbrut, die nach wenigen Tagen schlüpft, ausreichend Nahrung und kann schnell wachsen. Die aus den Eiern geschlüpften Larven sind anfangs so klein, daß sie sich von kleinsten Krebstieren und Einzellern aus dem Plankton ernähren. Im Laufe ihres Wachstums spezialisieren sie sich auf größere Beutetiere, beispielsweise Insektenlarven.

Die jungen Karpfen müssen beträchtlich wachsen, um genug Fett anzusetzen und die Entbehrungen des Winters zu überstehen. In dieser Jahreszeit sterben viele kleine Karpfen mit schlechter Konstitution. In hochgelegenen, sommerkalten Seen kommt es regelmäßig vor, daß die Fortpflanzung der Population ausbleibt, während in warmen, nährstoffreichen Seen des Tieflands in den meisten Jahren neue Generationen mit zahlreichen Jungkarpfen heranwachsen. In diesem Fall ist die Populationsdichte sehr hoch, so daß sich die Konkurrenz um Nahrung hemmend auf das Wachstum der Fische auswirkt.

► **Karpfeneier haben einen Durchmesser von 1–2 mm. Die Larven schlüpfen je nach Wassertemperatur nach 5–8 Tagen. Sie sind dann 4–8 mm lang.**

Gleichgewicht

In einer ausgeglichenen Karpfenpopulation schlüpfen genug Jungfische, um den Fortbestand der Population zu sichern. Die Individuendichte verharrt aber auf

◄ **Den prächtigen Spiegelkarpfen erkennt man an seinen zwei Reihen großer, an Spiegel erinnernden Schuppen, die Körperseiten und Rücken bedecken. Es handelt sich um eine Zuchtvariante des Wildkarpfens.**

einem bestimmten Niveau, so daß der Lebensraum nicht überbeansprucht wird, sonst besteht die Gefahr, daß das Sediment stark aufgewirbelt und auf diese Weise der Bestand an Wasserpflanzen und wirbellosen Tieren beeinträchtigt wird. Anzeichen für ein ausgeglichenes Ökosystem See sind klares Wasser, ein harmonisches Wachstum verschiedener Wasserpflanzen und das Nebeneinander von unterschiedlichen Arten von Wirbellosen, Amphibien und Fischen, die alle gleichermaßen hohe Ansprüche an ihren Lebensraum stellen. Unter den Fischen zählen beispielsweise Rotfeder, Barsch und Schleie zu den anspruchsvolleren Arten.

Karpfen können sich je nach Nahrungsangebot auf zwei unterschiedliche Arten ernähren, wovon jede eine erfolgreiche Strategie der Anpassung darstellt. Planktonreiche Seen enthalten unzählige winzige Einzeller und Kleinkrebse, die schwarmbildend sind und wie eine Art Wolke im Wasser schweben. Der Karpfen muß also nur diese Schwärme aufsuchen und die Krebstiere mit Hilfe seiner Kiemenreusen – knöcherne Fortsätze der Kiemenbögen – aus dem Wasser filtern.

Wenn Plankton nicht reichlich zur Verfügung steht, was sehr häufig der Fall ist, durchwühlen die Karpfen den Teichgrund nach Erbsenmuscheln, Zebramuscheln oder roten Mückenlarven sowie verschiedenen anderen Larven. Sogar große Muscheln können sie trotz der harten Schale leicht öffnen, indem sie die Schalen mit den scharfen Schlundzähnen gegen den harten Kieferknochen drücken.

Teichsedimente sind keineswegs gleichmäßig von Kleintieren besiedelt – an manchen Orten wimmelt es von Wirbellosen, an anderen Stellen macht sich die Kleintierfauna rar. Im Röhrichtgürtel eines Sees beispielsweise sammeln sich häufig reichlich Mückenlarven, die sich von Plankton ernähren. Hier wachsen also viele Beutetiere für die Karpfen heran. Der leer gefressene Gewässerbereich wird dann erneut von Larven besiedelt, wovon nach einiger Zeit wieder die Nahrung suchenden Fische profitieren.

DER KOI, EIN ZIERKARPFEN

Kois oder Zierkarpfen wurden in Japan gezüchtet. Dabei achtete man besonders darauf, möglichst mehrfarbige Varianten zu erhalten: metallisch glänzende, rote, schwarze, weiße und goldgelbe Individuen. Kois werden bei Wettbewerben in Japan und weltweit auf Ausstellungen präsentiert. Der Koi wird von Liebhabern hoch geschätzt und sehr teuer gehandelt; daher hält man ihn in aufwendig angelegten Gartenteichen. Die für die Zucht verwendeten Futtermittel sind qualitativ hochwertig, um die Farbenpracht und natürlich die Gesundheit der kostbaren Fische zu erhalten. Kois entwickeln sich zwar in Gefangenschaft gut, fallen aber, wenn sie in Freiheit gelangen, schnell Freßfeinden zum Opfer, denn sie sind viel auffälliger als ihre gut getarnten, wildlebenden Artgenossen.

► Der Koi lernt, zum Besitzer zu schwimmen, wenn dieser ihn stets zu festen Zeiten und immer am selben Ort füttert. Nach einiger Zeit frißt er sogar aus der Hand.

▼ Der Chinesische Graskarpfen, der eingeführt wurde, um zu üppiges Wachstum von Wasserpflanzen einzudämmen, vermehrt sich zum Glück in mitteleuropäischen Gewässern nicht.

DIE NATUR BEOBACHTEN

WO KANN MAN KARPFEN SEHEN?

- Goldfische und die anderen Zierkarpfen eignen sich gut für das Leben in großen Aquarien und Teichen. Sie sind leicht zu halten, reagieren auf Zuwendung und fressen ihrem Besitzer manchmal sogar aus der Hand.

- Wildkarpfen sind mißtrauisch und scheu; die großen Exemplare suchen nur nachts im freien Wasser nach Nahrung. Daher ist es vom Ufer aus nicht leicht zu beurteilen, ob sich in einem Teich sehr große Karpfen befinden. Wenn die Wassertemperatur im Frühjahr aber ansteigt, kommt es zu eindrucksvollen Balzritualen: Die Fische „schießen" zwischen den Wasserpflanzen des Flachwassers umher und vergessen dabei jede Vorsicht. Dann kann man sie sehen.

▼ Goldfische stammen von der Karausche ab. Viele von ihnen sind in Freiheit gelangt. Von ihren Nachkommen zeigen einige wieder die grün-braune Färbung der Wildform.

Rotfeder, ein Karpfenfisch

Der Flußaal – ein Fisch als Weltreisender

Obwohl die Fischer und Angler den Aal schon seit Jahrhunderten kennen, bleibt dieser Fisch auch heute noch rätselhaft. Manche Details seiner erstaunlichen Wanderung von der Sargassosee bis in unsere Flüsse und Seen sind der Wissenschaft immer noch unbekannt.

Aale sind an das Leben in Seen, Flüssen und deren Uferzonen perfekt angepaßt. Ihr langgestreckter, schlangenförmiger Körper besitzt nur ein einziges echtes Flossenpaar: die Brustflossen. Rücken-, Schwanz- und Afterflosse bilden entlang der Oberseite einen durchgehenden Flossensaum. Aale durchbohren oft den lockeren Untergrund von Gewässern, größere Tiere graben dort sogar Gänge mit einem Durchmesser von mehreren Zentimetern. Im Gegensatz zu den meisten anderen Fischen haben Aale nahezu geschlossene Kiemenhöhlen, die nur über kleine Spalten mit Wasser versorgt werden. Das stellt sicher, daß beim Wühlen kein Schlamm in das empfindliche Kiemengewebe eindringen kann; außerdem bleiben die Kiemen feucht, wenn die Tiere über Land wandern.

Aale halten sich tagsüber gerne versteckt und gehen erst in der Dämmerung auf Nahrungssuche. Jungtiere ernähren sich von Wirbellosen, wie Insektenlarven, Würmern, Schnecken, Muscheln und Krebstieren, während sich größere Aale auch an kleine Fische und sogar junge Enten heranwagen. Sie spüren ihre Beute dank ihrer unglaublich empfindlichen Nase auf. Ihr Geruchsorgan sitzt an der Basis von zwei röhrenförmigen Nasenlöchern, die sich direkt über der Oberlippe befinden. Aale schätzen auch Aas, das sie aus beträchtlicher Entfernung wahrnehmen.

FORTPFLANZUNGSZYKLUS

Zu Beginn der Geschlechtsreife, die erst nach einigen Jahren im Herbst eintritt, verfärben sich die jungen, gelblichen Aale immer stärker silbrig. Männliche Aale sind dann immer noch kleiner als 50 cm, während die Weibchen meist dreimal größer sind als ihre männlichen Artgenossen. Die größten Aale sind also stets weiblich. Um möglichst viele Eier produzieren zu können, benötigen die Weibchen einen Körper, der viel Eiweiß und einen hohen Fettgehalt aufweist. Die männlichen Aale brauchen dagegen keine großen Nahrungsreserven, denn ihre in Massen produzierten Samenzellen sind winzig klein. Jedes Weibchen produziert mehrere Millionen Eier mit einem Durchmesser von je 1 mm. Diese große Zahl ist nötig, um die gewaltigen Verluste auszugleichen, die die jungen Aale hinnehmen müssen, bevor die Überlebenden – rund eine Million pro Gelege – ihre Laichwanderung antreten.

Diese Wanderung führt die Aale bis zur Sargassosee im Atlantik südlich der Bermuda-Inseln. Dort laichen sie ab und sterben. Kein Aal überlebt seine Wanderung, um sich ein zweites Mal fortzupflanzen. Die große Aalwanderung findet im Spätsommer oder Herbst statt, ihr Beginn wird meist von Gewitternächten mit anschließendem Hochwasser ausgelöst.

In der Sargassosee beginnt dann die Entwicklung der Larven, der sogenannten Leptocephalus- oder Weidenblatt-Larven; diese ernähren sich anfangs von Kleinstlebewesen im Wasser, dem Plankton. Sie

▼ Das Sehvermögen des Aals ist nicht besonders gut ausgeprägt. Seine Beute – Insektenlarven, Würmer, Schnecken oder Krebstiere – findet er mit der Nase.

SPEZIALFORMEN

Landläufig teilt man die erwachsenen Aale nach der Kopfform ein in Tiere mit breitem Maul („Breitkopfaal") und andere mit spitzem Maul („Spitzkopfaal"). Man nimmt an, daß die Breitkopfaale in der Lage sind, große Beutetiere wie Fische zu verschlingen, während die Spitzkopfaale auf Wirbellose, wie Insektenlarven und Würmer, spezialisiert sind, die sie gut in den schmalen Spalten zwischen den Steinen aufspüren können. Der Breitkopfaal erhielt sogar einen wissenschaftlichen Namen: *Anguilla latirostris.* Nachforschungen erbrachten die Existenz von Zwischenformen. Offensichtlich ist die Kopfform des Aals nicht erblich festgelegt, sondern hängt von der Ernährungsweise der Tiere ab. Diese ausgeprägte Variabilität der Kopfform innerhalb einer Art bringt jenen Tieren deutliche Vorteile, die besonders gut an das Nahrungsangebot in ihrem Lebensraum angepaßt sind. In ferner Zukunft könnten sich daraus eigenständige Arten entwickeln.

KENNKARTE

Die dunkelgraue oder graubraune Oberseite des Aals und seine gelbliche Unterseite verfärben sich beim geschlechtsreifen Aal silbern; dann tritt er seine Reise in den Atlantik an. Man vermutet, daß seine Laichplätze in der Nähe der Sargassosee liegen. Die Meeresströmungen tragen die Larven bis an die europäischen Küsten, unter anderem auch in die Nordsee (Kattegat). Dort verwandeln sich die Larven in sogenannte „Glasaale" und beginnen ihre Wanderung flußaufwärts.

▲ **Der Aal nutzt die beiden röhrenförmigen Nasenlöcher über der Oberlippe, um Beutetiere mit Hilfe des Geruchssinns aufzuspüren. Seine Augen sind klein und von einer starken, durchsichtigen Membran bedeckt, die den Augapfel vor Verletzungen schützt, wenn sich das Tier außerhalb des Wassers aufhält.**

● NAME
Deutscher Name: Europäischer Aal oder Flußaal; Bezeichnungen wie „Glasaal", „Gelbaal" oder „Blankaal" weisen auf Entwicklungsstufen hin.
Wissenschaftlicher Name: *Anguilla anguilla*

● GRÖSSE UND GEWICHT
Länge: weibliche Tiere bis 1,50 m; männliche Tiere ca. 50 cm
Gewicht: selten über 5 kg; Rekordgewicht 12 kg bei 1,50 m Länge

● MERKMALE
Erwachsene Tiere mit langgezogenem, zylindrischem Körper, Oberseite dunkelbraun, Unterseite gelblich; Rücken-, Schwanz- und Afterflosse bilden einen durchgehenden Flossensaum; während der Wanderung zum Meer wird die Färbung metallisch, wobei die Oberseite grauer und der Bauch silbrig wird; diese „Blankaale" haben größere Augen, ein kleineres Maul und einen spitzeren Kopf als die jungen „Gelbaale".

● VERHALTEN UND LEBENSWEISE
Lebt am Gewässergrund, nachtaktiv, jagt mit Hilfe der Augen und des Geruchssinns; gräbt eine Höhle für die Tagesruhe; „Gelbaale" und „Blankaale" wandern enorm weite Strecken.

● JUNGE
Weidenblatt- oder Leptocephalus-Larve flach, 5 mm lang; erreicht eine Länge von 75 mm, bevor sie zum durchsichtigen „Glasaal" wird; dessen Herz, Kiemen und Gräten sind gut erkennbar; bei ihrem Aufstieg in die Flüsse verfärben sie sich gelbbraun (Gelbaal).

● NAHRUNG
Insektenlarven, Würmer, Schnecken, Krebstiere, Frösche, Kaulquappen, Fischeier, Fische und junge Enten

● LEBENSRAUM
Seen, Flüsse, Gräben, Flußmündungen im Tiefland; wandern an die Küstengewässer und dann bis zur Sargassosee

● VERBREITUNG
In ganz Mitteleuropa, ursprünglich mit Ausnahme des Donauraums, heute dort eingesetzt

Verbreitung

DIE WANDERUNG DER AALE

▲ Bei ihrem Aufstieg in die Flüsse fallen die Aale an der Mündung massenweise Fischern zum Opfer, viele von ihnen werden auch von Raubfischen, Säugetieren oder Vögeln erbeutet. Ihr besorgniserregender Rückgang führte dazu, ihren Schutzstatus neu zu überdenken.

Verschiedene Fischarten – Maifisch, Lachs, Meerforelle und Neunauge – laichen im Süßwasser, verbringen aber die meiste Zeit ihres Wachstums und ihrer Reifephase im Meer; diese Fischarten nennt man „anadrom" (aufwärts wandernd). Der Flußaal gehört zu den seltenen Arten, die im Meer laichen. Die jungen Glasaale wandern dann die Fließgewässer hinauf, um einen Lebensraum zu finden, in dem sie sich entwickeln können; wenn sie ausgewachsen sind, wandern sie zur Fortpflanzung hinab ins Meer (katadrom). Der Aal ist die einzige katadrome Fischart Mitteleuropas. Die Reise der erwachsenen Aale, um sich fortzupflanzen und dann zu sterben, ist noch bemerkenswerter als die der anadromen Fische. Sie führt über so große Entfernungen, daß das Fehlen von Aallaich im Süßwasser unsere Vorfahren zu der Behauptung veranlaßte, die langen Schweifhaare von Hengsten würden sich in Aale verwandeln. Die Wahrheit klingt fast ebenso „an den Haaren herbeigezogen": Nach dem Laichen in der Sargassosee schlüpfen aus den Eiern winzige Larven, die man aufgrund ihrer Form Weidenblatt- oder Leptocephalus-Larven nennt. Sie werden vom Golfstrom an die europäischen Küsten getrieben – eine Reise, die etwa ein Jahr dauert. Man weiß nicht, was die Tiere dazu gebracht hat, Tausende von Kilometern zu wandern. Einer Theorie zufolge vermehrten sich die Aale vor mehreren Millionen Jahren direkt vor den Küsten; durch die Trift der Kontinente verbreiterte sich der Atlantik, wodurch sich die Wanderungen der Aale verlängerten. Auch die Art, wie sie ihren Weg zu den europäischen Flußläufen finden, ist noch nicht eindeutig geklärt. Vermutlich spielt der Geruch eine Rolle.

Wanderung der Glasaale

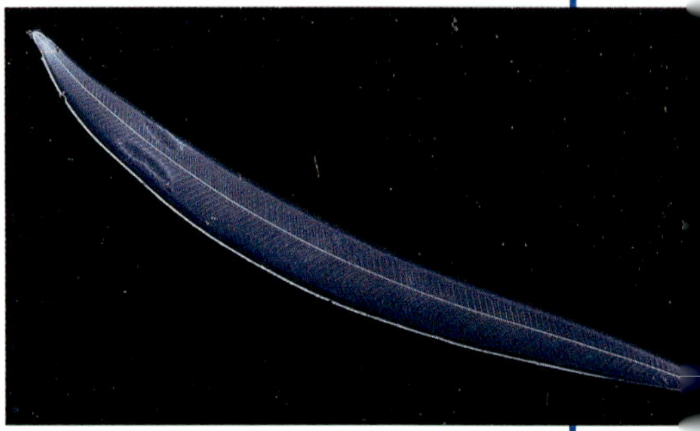

▲ Aus den Eiern der Aale schlüpfen winzige Larven. Sie sind 5 mm lang und ähneln kleinen Weidenblättern. Die Meeresströmung treibt sie an die europäischen Küsten, wo sie sich in Glasaale verwandeln.

wandern in Richtung Küstengewässer. Auf dem Weg zur europäischen Kontinentalplatte verwandeln sie sich in kleine aalförmige Fischchen, die noch farblos sind und als „Glasaale" bezeichnet werden. Später färbt sich ihr Rücken dunkel, während der Bauch silbrig glänzt. Man nimmt an, daß sich die Glasaale etwa einen Monat lang an das Brackwasser gewöhnen; dann erst beginnen die 5–8 cm langen Fischchen ihren Aufstieg von den Flußmündungen in die Oberläufe der Flüsse, wo eine Temperatur von etwa 10 °C herrscht.

Von Januar bis Juni wandern sie in großen Schwärmen flußaufwärts. Dabei überwinden oder umgehen sie Hindernisse wie Staustufen und sogar Wasserfälle, um in die Oberläufe von Flüssen, Bächen, in Weiher und Tümpel zu gelangen. Der Höhepunkt der Wanderung wird Ende April oder im Laufe des Mai erreicht; Nachzügler treffen noch im Juli oder August ein.

In manchen Gewässern verbringen die jungen Aale eine gewisse Zeit im Unterlauf, bis sie dann ihre Wanderung nach und nach flußaufwärts fortsetzen – je nachdem, wie groß und kräftig sie bereits geworden sind. In anderen Regionen beginnen sie dagegen sofort mit ihrer Wanderung in die Oberläufe. Die jungen Aale verfügen über ein interessantes physiologisches Phänomen: Die Festlegung auf ein Geschlecht kann so lange hinausgezögert werden, bis die Tiere das Nahrungsangebot des Lebensraums, in dem sie sich entwickeln, „eingeschätzt" haben. Nahrungsmangel fördert die Entwicklung von männlichen Tieren, während gut genährte Aale zu Weibchen werden. Man nimmt an, daß im Tiefland eher kleine Aale, in der Mehrzahl Männchen, leben, während es die größeren und langlebigeren Weibchen offensichtlich vorziehen, in die Wasserläufe weiter aufwärts zu wandern, um ihre Reifephase in höher gelegenen Gewässern zu beenden. Da das Geschlecht der winzigen Jungaale nicht feststellbar ist, konnte diese Theorie jedoch nicht mit Sicherheit bestätigt werden. Der Stoffwechsel dieses Fisches ist noch längst nicht erforscht, und es gibt noch vieles zu entdecken.

Die Europäischen Aale können bei uns in jedem Gewässer mit Süßwasser leben, sobald sie dieses als Glasaale und ältere Jungaale erreicht haben. Sie erobern eine große Zahl von unterschiedlichen Lebensräumen, indem sie in feuchtwarmen Nächten aus Gräben und Kanälen hervorkommen und sogar feuchte Wiesen überqueren. Viele von ihnen fallen Reihern zum Opfer, die an günstigen Stellen nach den Leckerbissen stoßen und reiche Beute machen. Bisweilen trifft man tat-

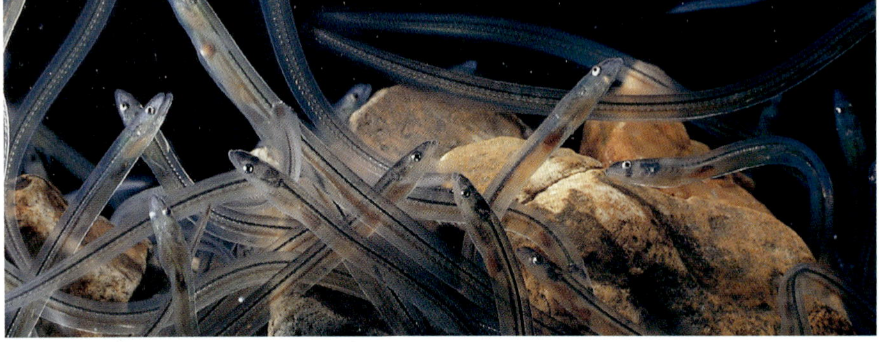

◄ Herz, Gräten und Kiemen sind bei den jungen, durchsichtigen Glasaalen noch deutlich erkennbar. In dieser Form erreichen sie die mitteleuropäischen Gewässer. Allmählich entwickeln sie immer mehr Ähnlichkeit mit dem allbekannten Flußaal.

◀ **Aale sind nicht nur aufgrund ihrer Form eigenartig. Im Gegensatz zu anderen Knochenfischen besitzen sie keine Bauchflossen, sondern nur Brustflossen. Zudem ist ihre Haut nicht mit Schuppen besetzt, sondern glatt und weich.**

sächlich Aale in geschlossenen Gewässern ohne Verbindung zu einem Fließgewässer, von dem aus sie das Meer erreichen könnten. Diese Tiere bleiben manchmal längere Zeit in diesen Stillgewässern und können dann eine enorme Größe erreichen.

Reife

Das Leben der Aale im Süßwasser kann zwischen zwei Jahren und mehreren Jahrzehnten andauern; das deutet bereits an, daß die Lebenserwartung der Tiere maßgeblich von Umwelteinflüssen bestimmt wird. Am schnellsten wachsen und reifen die Aale in nährstoffreichen und warmen Gewässern der Ebenen im Tiefland, während das Wachstum in höher gelegenen Regionen wegen der niedrigen Wassertemperaturen nur während einiger Wochen im Jahr möglich ist. Manche Aale erreichen ihre Reife bereits nach einem zehnjährigen Aufenthalt im Süßwasser, bei Fischen in hoch gelegenen oder nordischen Lebensräumen dauert diese Periode vielleicht 50 Jahre. Ein 1863 gefangener Glasaal erreichte im Aquarium eines Museums das stolze Alter von 85 Jahren!

Systematische Messungen haben ergeben, daß die Länge der Aale nach einem Jahr gewöhnlich 10 cm beträgt, nach fünf Jahren 28 cm, nach zehn Jahren 50 cm, und nach 15–20 Jahren erreichen die Tiere erstaunliche 80–100 cm. Da Aale ein für Fische sehr hohes Alter erreichen können, sind sie gute Bioindikatoren für Umweltbelastungen, beispielsweise durch Pestizide, die sich im Fettgewebe der Tiere anreichern. Dort, wo der Verschmutzungsgrad der Gewässer sehr hoch ist, können sich Beutegreifer, die viele Aale verzehren, regelrecht vergiften. So haben Wissenschaftler festgestellt, daß gebietsweise die Fortpflanzungsfähigkeit des Fischotters auf diese Weise ernsthaft gefährdet ist.

Diese Erkenntnisse sollten uns zu denken geben, denn dieser Prozeß der Anreicherung von giftigen, kaum abbaubaren chemischen Substanzen im Süßwasser beeinträchtigt auch unsere Lebensgrundlagen. Denn schließlich geht es dabei auch um unser Trinkwasser!

DIE NATUR BEOBACHTEN

WO KANN MAN AALE SEHEN?

- Am leichtesten bekommt man ausgewachsene Aale in den Reusen von Fischern zu Gesicht. An warmen Tagen sieht man Aale bisweilen auch in Tümpeln oder Wasserläufen schwimmen. Mit etwas Glück kann man vielleicht beobachten, wie sich ein Aal nachts über eine feuchte Wiese schlängelt.
- Glasaale findet man manchmal in Gezeitentümpeln und an Staumauern in der Nähe von Flußmündungen. Um Ostern ist die beste Zeit, um Aale zu beobachten, wenn sie flußaufwärts wandern.
- Gelbaale verstecken sich bisweilen am Grund von schlammigen Flüssen und Tümpeln.

▲ **In Flüssen und Seen werden Reusen aus Rohrgeflecht oder andere Fallen installiert, um Blankaale zu fangen, die zu ihrer Laichwanderung aufbrechen. Kurz vor der langen Reise sind diese Fische in gutem körperlichem Zustand und reich an Fettreserven.**

▶ **Ein Mantel aus zähem Schleim schützt den Aal davor auszutrocknen und ermöglicht ihm, längere Zeit außerhalb des Wassers zu überleben. Auf seiner Wanderung über Land atmet er Sauerstoff, den das in seinen Kiemenhöhlen verbliebene Wasser enthält.**

Die Flußbarbe

Die erwachsene Flußbarbe kann man tagsüber selten beobachten, weil sie sich in Grundnähe aufhält. Der prächtige Fisch ist an das Leben in schnell fließenden Gewässern angepaßt. Er zeichnet sich durch seine auffälligen Bartfäden oder Barteln aus.

▲ Mit dem flach gedrückten Maul und den vier Bartfäden oder Barteln kann die Flußbarbe im Kiesgrund und Schlamm, zwischen Wasserpflanzen sowie auf Steinen und Felsen nach Nahrung suchen.

WUSSTEN SIE DAS SCHON?

Vorsicht, wenn Sie eine Flußbarbe essen möchten: Zur Laichzeit können Rogen (Eier) und sogar Fleisch von reifen Weibchen heftige Magenbeschwerden hervorrufen (sogenannte Barbencholera). Es handelt sich vermutlich um einen natürlichen Schutz gegen Feinde, da weibliche Barben vor dem Laichen schwächer sind.

Die Flußbarbe gehört zur Familie der Weißfische *(Cyprinidae)*. Mit ihrem kräftigen, muskulösen und strömungsgünstigen (hydrodynamischen) Körper ist sie an das Leben in unruhigen Gewässern gut angepaßt. Kennzeichen der Barbe ist die besondere Form des oberen Lappens der Schwanzflosse. Beim Schwimmen richtet der Fisch seine Nase nach unten und gründelt damit zwischen den Kieselsteinen im Bett des Wasserlaufs nach Insekten und Krebstieren.

Trotz ihrer hydrodynamischen Form ist das Leben im strömungsreichen Wasser für die Flußbarbe nicht gerade einfach – auch wenn sie Konkurrenten wie Brasse, Schleie, Karpfen, Hecht und Barsch nicht fürchten muß. Sie kann die Gemeinschaft der in schnellen Fließgewässern lebenden Fische dominieren.

LAICHPLÄTZE

Das Laichen erfolgt zu Beginn des Sommers, in den Monaten Mai und Juni. Männliche und weibliche Tiere ziehen die Wasserläufe hinauf, bis sie an flache, kiesige und schlammfreie Abschnitte gelangen, da die Brut der Flußbarbe sauberes und sauerstoffreiches Wasser benötigt. Die Wanderung kann sich über mehrere Kilometer erstrecken. Das gilt vor allem für Flüsse, in denen die kiesigen Abschnitte durch Ausbaggern des Flußbetts oder Trockenlegung von Flächen verschwunden sind. Leider ist das in Flachlandregionen heute sehr häufig geworden. In manchen Flüssen hat man den Lebensraum der Flußbarben wiederhergestellt, indem man flache Abschnitte mit Kiesbett und auch tiefere Teile neu angelegt hat.

Wenn die Fische die geeigneten Laichplätze erreicht haben, stellen die männlichen Tiere den weiblichen innerhalb der Gruppe nach, wobei jedes Männchen versucht, möglichst viele Eier zu befruchten. Die Weibchen drehen sich zur Seite und wirbeln mit schnellen Schwanzschlägen das Wasser auf, um zwischen den Kieselsteinen kleine Laichgruben anzulegen. In diese Vertiefungen legen sie ihre Eipakete

KENNKARTE

Die Flußbarbe erkennt man vor allem an ihren vier langen Barteln oder Bartfäden am Maul. Mit dem langgestreckten, rundlichen Körper kann sie sich perfekt an starke Strömungen anpassen. Die Art bekommt man nur selten zu Gesicht, da sie vorwiegend nachtaktiv ist.

- **NAME**
Deutscher Name: Flußbarbe
Wissenschaftlicher Name: *Barbus barbus*

- **GRÖSSE UND GEWICHT**
Länge: erwachsene Tiere im Durchschnitt 50 cm, manchmal 1 m und mehr
Gewicht: 1–2 kg; bisweilen 8 kg und mehr

- **MERKMALE**
Muskulös, strömungsgünstige Form, große Brust- und Bauchflossen; breiter und kräftiger Schwanz; Rücken bronzefarben, allmählich in die weiße Unterseite übergehend; Flossen orangerötlich; Maul mit 2 fleischigen Lippen und 2 Paar Tastbarteln am Oberlippenrand; Rückenflosse mit starren Strahlen

- **VERHALTEN UND LEBENSWEISE**
Bildet Schwärme; kann zeitlebens im selben Gewässerabschnitt sein; reife Fische wandern über lange Strecken, lassen sich an neuen Futterplätzen nieder und kehren dann in ihre natürliche Umgebung zurück; Lebensdauer: mindestens 20 Jahre

- **FORTPFLANZUNG**
Im Frühling laichen die von großen Männchen dominierten Schwärme in seichten Gewässerabschnitten; ein Weibchen legt 3000–9000 Eier ab.

- **NAHRUNG**
Weichtiere am Gewässergrund, Kleinkrebse, Würmer und Insektenlarven; vielleicht auch Lachseier und junge Lachse

- **LEBENSRAUM**
Schnell fließende, saubere Wasserläufe mit Sand- oder Kiesgrund

- **VERBREITUNG**
Kommt fast in ganz Deutschland vor, steht aber auf der Roten Liste der gefährdeten Arten

▲ **Das Maul der Flußbarbe trägt am Rand der Oberlippe zwei Paar Barteln zum Tasten; sie tragen Tastzellen, mit deren Hilfe der Fisch seine Nahrung am Grund der Wasserläufe aufspüren kann.**

Verbreitung

Das ganze Jahr anwesend

Kommt hier nicht vor

ab. Steinchen, die die Strömung herbeischafft, decken sie behutsam zu und schützen sie vor dem Appetit räuberischer Feinde.

Die wenigen Tage bis zum Schlüpfen der Brut sind überaus gefährlich. Denn für eine Vielzahl von Wirbellosen, wie Blutegel, Plattwürmer, Krebstiere oder Köcherfliegenlarven, sowie für verschiedene Fischarten sind die weniger gut verborgenen Eier ein willkommener Leckerbissen. Andererseits können die Eier ersticken oder verpilzen und dadurch absterben, wenn sie zu tief in den Schlamm eingewühlt werden. Deshalb produziert jede Barbe alljährlich Tausende von Eiern. Durchschnittlich genügt es, daß pro Weibchen zwei aus der Brut überleben und die Geschlechtsreife erlangen, um den Fortbestand der Population sicherzustellen.

KLEINE FISCHE

Selbst in sauberen Gewässern sind junge Barben oft sehr selten. Möglicherweise liegt das daran, daß sie eine leichte Beute für räuberische Feinde sind oder daß die idealen Laichbedingungen und der geeignete Lebensraum für die Jungen in den Hauptläufen der Flüsse meist nicht mehr vorhanden sind – tatsächlich ist über die Ursachen noch wenig bekannt. Manche Flußbarbenpopulationen wandern deshalb in Nebenflüsse ab, in denen noch bessere Chancen für die Fortpflanzung bestehen. Untersuchungen, bei denen man die

▶ **Nach einigen Monaten verlassen die Jungen das flache Ufer und wandern in schneller fließende Bereiche. Dort halten sie sich über dem Grund auf, um der starken Strömung nahe der Oberfläche auszuweichen.**

Flußbarben mit Hilfe von Funksendern verfolgte, brachten zutage, daß sehr viele dieser Fische in denselben Gewässerabschnitt zurückkehrten, in dem sie vor der alljährlichen Laichwanderung zu Hause gewesen waren. Diese Fische kannten also ihren Lebensraum ganz genau.

Junge Flußbarben benötigen zunächst Abschnitte mit stehendem Wasser an von Wasserpflanzen gesäumten Uferbereichen; diese Umgebung erlaubt es ihnen, sich nach und nach an die schwierigen Lebensbedingungen im schnell fließenden Wasser zu gewöhnen. Erst nach mehreren Monaten sind sie kräftig genug, um sich in Abschnitte mit stärkerer Strömung zu wagen. Aber auch dort halten sie sich nahe dem kiesbedeckten Gewässergrund auf, weil hier die Strömung weniger stark ist als an der Oberfläche. Dadurch ist es den jungen Flußbarben möglich, unter diesen auf den ersten Blick unwirtlichen Bedingungen zu überleben.

▲ Flußbarben sind nachtaktiv. Dann durchwühlen sie den Gewässergrund auf der Suche nach Weichtieren und Kleinkrebsen. Auch tagsüber kann man sie bisweilen in kleinen Schwärmen sehen.

Wellenreiten

Barben können exzellent gegen die Strömung schwimmen, indem sie an genau ausgewählten Stellen der Kraft des fließenden Wassers ausweichen. Am Gewässergrund ausgespülte Höhlen mit Wurzelgeflecht und morsche Baumstämme, Felsen, Ränder, Ansammlungen von Wasserpflanzen, Brückenpfeiler und Wehre bieten Unterschlupf und sind Rastplatz für eine vorübergehende Ruhepause inmitten des wirbelnden Karussells der Strömung. Und an all diesen Stellen treffen wir Flußbarben an, die von einer zur anderen Station unterwegs sind.

Untertags halten sich die erwachsenen Flußbarben in ziemlich tiefen Bereichen des Wassers auf, in der Nähe von abgestorbenen Baumstämmen oder Felsen, die ihnen eine sichere Zuflucht bieten. Den ganzen Sommer über werden Flußbarben in der Morgen- oder Abenddämmerung aktiv und verlassen ihren Unterschlupf, um sich in seichteren Gewässerabschnitten auf die Suche nach ihrer Lieblingsspeise – Krebstiere und Insekten, am liebsten Garnelen wie die Süßwassergarnele und Köcherfliegenlarven – zu machen. Etwa zur selben Zeit verlassen auch manche Wirbellose, die auf der Beuteliste der Barben stehen, ihre Verstecke im steinigen Gewässerbett, um sich zwischen den Steinen auf Beutefang zu begeben; was dann folgt, ist ein überaus gefährliches Versteckspiel.

Von Mitte bis Ende des Sommers, wenn das Wasser warm ist, gründeln Schwärme von Flußbarben den ganzen Tag über in den ruhigeren Abschnitten tieferer Fließgewässer im Kiesbett. Das gilt vor allem für kleine bis mittelgroße Fische, die in dichten Schwärmen unterwegs sind und sich oft vorübergehend unter den Wasserhahnenfuß-Teppichen verbergen.

Vor dem Gründeln vollführen die Barben ebenso wie andere Weißfisch-Arten (oder *Cyprinidae*) Rollen oder Sprünge auf der Wasseroberfläche, was ein wenig an das Verhalten der Tümmler erinnert. Diese Bewegungen könnten mit der Notwendigkeit zu tun haben, vor der aktiven Nahrungssuche und Verdauung das Blut mit Sauerstoff anzureichern – also vielleicht eine Übung, um sich vor dem Essen Appetit zu machen!

Überleben im Winter

Im Winter sind Flußbarben weniger aktiv, weil die Wassertemperatur niedriger ist und sie sich vorwiegend in der Dämmerung auf die Nahrungssuche begeben. Die Strömung macht ihnen nun größere Probleme, denn das kalte Wasser raubt ihnen die Energie. Wenn bei Hochwasser die Strömung stärker ist, werden Flußbarben oft über beträchtliche Entfernungen stromabwärts mitgerissen und manchmal bis in die Mündungsgebiete gespült, wodurch sie in Lebensgefahr geraten. Diese schwierigen Bedingungen im Winter zwingen sie dazu, ihren Lebensraum so klug wie möglich zu nutzen. Um den Winter zu überstehen, versammeln sie sich in stehenden Gewässern oder im Schutz tiefer Becken von Stauwehren – eben überall dort, wo sie der verheerenden Wirkung der Strömung entgehen können.

An manchen Stellen, beispielsweise dort, wo das Wasser von Zuflüssen gestaut wird, hat man junge Barben schon in einem Stillgewässermilieu angetroffen, in dem sie sich akklimatisiert haben. Erstaunlich für eine Art, die eigentlich an schnelle Strömung angepaßt ist! Diese Flußbarben überlebten recht gut in der für sie doch ungewohnten Umgebung. Auch die Wachstumsrate steht jener in den Flüssen kaum nach. Allerdings können diese Fische in sehr heißen Sommern leiden, weil der Sauerstoffgehalt des Wassers dann

◀ Wenn der Fortpflanzungstrieb im Frühling erwacht, wandern große Barbenschwärme flußaufwärts zu den Laichplätzen. Diese liegen in seichteren Gewässerabschnitten mit Kiesgrund. An Stellen mit geringerer Strömung ruhen sie unterwegs aus.

JÄGER ODER GEJAGTE?

Flußbarben ernähren sich von kleinen Wirbellosen, wie von den Larven der Köcherfliegen, Mücken und Eintagsfliegen, von Süßwassergarnelen, Schnecken, Muscheln und Würmern. Sie lassen sich bisweilen auch kleine Fische schmecken; die größten Vertreter der Spezies können als Räuber auftreten, die Elritzen, junge Neunaugen, Kaulköpfe und sogar kleine Barben fressen, wenn sich diese in einen von erwachsenen Fischen besetzten Lebensraum wagen. Allerdings zählen Barben nicht zu den Raubfischen, sondern zu den Friedfischen. An den Lippen und an den ledrigen Kiefern haben sie keine Zähne, die gesamte Nahrung wird durch Rachenzähne zerkleinert, die weiter hinten im Schlund sitzen. Flußbarben wandern stromaufwärts, um neue Futterplätze mit Wirbellosen zu erforschen, und lassen sich dann flußabwärts treiben, um den neuen Bereich zu besetzen, sich niederzulassen und auf Nahrungssuche zu gehen. Diese Methode ist das Ergebnis der Erfahrung vieler Jahre, in denen Barben von Reihern, Hechten, Fischottern und anderen Feinden angegriffen wurden. Augen, Nasenlöcher, Seitenlinienorgan und Innenohr sind sehr sensibel, und die Fische sind immer auf der Hut. Die ältesten und erfahrenen großen Barben werden zu ungeselligen Einzelgängern; das geht so weit, daß sie aus Gründen größerer Sicherheit nur noch nachts aktiv sind.

◀ Der Graureiher kann bisweilen eine große Flußbarbe erbeuten. Dann muß er sie jedoch aus dem Wasser ziehen, um sie an Land in kleinen Stücken zu verspeisen.

▼ Junge Schmerlen, die nachts zur Nahrungssuche hervorkommen, sind ein willkommener Leckerbissen für die Barben. Sie „saugen" diese Beute mangels Vorderzähnen ein.

ziemlich absinkt. Es ist jedoch kaum wahrscheinlich, daß sich die Barben in einem stehenden Gewässer fortpflanzen. Über die Frage, ob es wünschenswert ist oder nicht, Flußbarben in Seen, vor allem in kleinen Seen mit warmem, nährstoffreichem Wasser zu halten, wo sie sich nicht fortpflanzen können, gibt es kontroverse Meinungen. Dagegen könnte man es vielleicht in Betracht ziehen, diese Art in großen Seen mit steinigem Untergrund und Zuflüssen mit entsprechender Strömung einzusetzen, wo das Absetzen von Laich möglich ist. Diese Entscheidung hängt jedoch von den örtlichen Bedingungen ab.

Die Regel, daß nur der Stärkste überlebt, ist in der Welt der Fische sehr deutlich verwirklicht; mehr als 99,9 % der Jungfische sterben, bevor sie die Geschlechtsreife erreicht haben. Wenn nicht, würde man in Fischen ersticken!

Eine 5 kg schwere Flußbarbe, die in einem Wasserlauf lebt, repräsentiert einen Überlebenden aus rund einer Million Jungbarben. Eine solch hohe Mortalitätsrate gibt der Natur die Gelegenheit, nur die geeignetsten Individuen, die sich an gewisse ökologische Bedingungen anpassen können, überleben zu lassen. Das erklärt auch, warum es sich bei den ausgewachsenen Barben in unseren Flüssen oft um so prächtige Exemplare handelt – denn die nicht so widerstandsfähigen Tiere haben nicht überlebt.

▼ Flußbarben laichen in seichten Gewässerabschnitten. Die Jungen benötigen Stellen mit weniger starker Strömung, etwa hinter Steinen und zwischen Wasserpflanzen.

DIE NATUR BEOBACHTEN

WO KANN MAN BARBEN SEHEN?

- Wer an einem Fluß wohnt, in dem es Barben gibt, hat vielleicht die Möglichkeit, diese Fische bei ihrer Laichwanderung im Mai oder Juni zu beobachten. An Wehren oder Wasserfällen springen sie mit Hilfe ihrer kräftigen Muskeln wie Lachse aus dem Wasser.
- Wenn Sie sich in der Laichzeit in seichten Gewässerabschnitten mit Kiesufer nach Barben umsehen, entdecken Sie vielleicht ein großes Weibchen, das von einer Gruppe von Bewerbern verfolgt wird und sich zur Seite legt, um das Wasser mit dem Schwanz aufzuwirbeln. Dabei legt es eine Laichgrube an, in die es seine bis zu 9000 Eier ablegt.
- Flußbarben versammeln sich häufig im wirbelnden Wasser am Fuße von Stauwehren.

Der Hecht – Schrecken des Süßwassers

Unbeweglich lauert der Hecht auf Beutetiere – andere Fische, junge Enten oder kleine Säugetiere, die ahnungslos in seine Reichweite kommen. Er schießt pfeilschnell hervor und packt das Opfer. Lernen Sie einen unserer faszinierendsten Lauerjäger kennen.

Der Hecht ist ein erfolgreicher Stoßräuber. Sein grünlicher Körper mit gelblichen Querbinden verleiht dem Raubfisch zwischen den Wasserpflanzen ein ideales Tarnkleid. Mit seinen großen Augen, die in der Mitte des Kopfes sitzen, verfügt er über perfektes räumliches Sehvermögen, wodurch er Entfernungen präzise abschätzen kann – ein entscheidender Trumpf, um das anvisierte Beutetier bereits beim ersten Vorstoß packen zu können. Seine dicht am Schwanz sitzende Rücken- und Afterflosse befähigt ihn, „aus dem Stand" kräftig zu beschleunigen.

Ein lauernder Hecht nähert sich seiner Beute mit unauffällig fächelnden Bewegungen seiner transparenten Brustflossen. Wenn er bereits nahe am Ziel ist, zieht er seinen Körper für einen Augenblick schwach s-förmig zusammen, dann streckt er ihn abrupt und schießt auf diese Weise pfeilschnell vorwärts. Im selben Augenblick öffnet er sein riesiges Maul und saugt das Wasser ein – zusammen mit der Beute, die sich darin befindet. Wenn er das Maul wieder schließt, wird das Beutetier an den spitzen Zähnen in seinem Ober- und Unterkiefer regelrecht aufgespießt, zusätzlich halten zahlreiche kleinere, sehr spitze nach hinten gerichtete Zähne am Gaumen und an der Zunge das Opfer fest. Die einzige Chance für das Beutetier besteht darin, daß der Hecht es im Maul umzudrehen versucht, damit er es mit dem Kopf voraus verschlingen kann. Wenn Beutetiere spitze Stacheln besitzen, beispielsweise Stichlinge oder Barsche, läßt sie der wählerische Hecht manchmal wieder los, weil ihm diese Mahlzeit einfach zu stachelig ist.

Der Hecht jagt aber nicht nur auf Sicht. Entlang seines Unterkiefers und an jeder Kopfseite besitzt er sensible Bereiche, mit denen er die von anderen Tieren erzeugten, winzigen elektrischen Felder empfangen kann. Mit der Seitenlinie an seinen Flanken nimmt er ebenfalls Bewegungen im Wasser wahr. Während sich Fische bewegen, erzeugen sie kleine elektrische Felder und deutliche Vibrationen, die von lauernden Hechten wahrgenommen werden. Überdies verfügen die Nasenlöcher des Hechtes über große, sehr empfindliche Membranen, mit denen er geringe Konzentrationen gelöster chemischer Substanzen aufspüren kann. Somit verfügt er über einen hervorragenden Geruchssinn.

Im schlammigen, trüben Wasser oder bei Nacht auch in klaren Gewässern sind

▲ Elritzen stehen ganz oben auf der Speisekarte von Hechten – vor allem bei den Jungtieren, da die kleinen Beutefische kaum länger als 10 cm werden.

Das Überraschungsmoment ist eine Grundvoraussetzung für den Erfolg eines Hechtangriffs. Die wuchtigen Schwanzschläge machen den Beutestoß blitzschnell.

▲ Das Sehvermögen des Hechtes ist gut ausgebildet. Seine großen, sehr scharfsichtigen Augen und die gegenüber elektrischen Feldern empfindlichen Bereiche im Gesicht befähigen den Raubfisch, seine Beute sicher aufzuspüren und sehr präzise zuzustoßen.

KENNKARTE

Die unpaarigen Flossen des Hechtes sitzen ziemlich weit hinten am Körper, dadurch kann er bei einem Angriff kräftig beschleunigen. Über längere Strecken hält er das Tempo jedoch nicht durch. Deshalb ist der Hecht ein Lauerjäger: Sobald die Tiere in seine Nähe kommen, fängt er sie mit wenigen Schlägen seines Schwanzes.

● NAME
Deutscher Name: Hecht
Wissenschaftlicher Name:
Esox lucius

● GRÖSSE UND GEWICHT
Länge: durchschnittlich 50 cm; Weibchen bis zu 1,30 m
Gewicht: im Durchschnitt 1–5 kg; manchmal bis 20 kg
(weibliche Tiere werden größer als männliche)

● MERKMALE
Langer, schlanker Körper; Tarnfärbung aus grünlichen und gelblichen Querstreifen; Maul mit zahlreichen spitzen Zähnen; im Süßwasser leicht erkennbar

● VERHALTEN UND LEBENSWEISE
Tarnt sich in Ufernähe zwischen den Pflanzen von großen Teichen, Seen und langsamen Fließgewässern; bewegt sich langsam, außer beim Beutestoß

● FORTPFLANZUNG
Eiablage zeitig am Ende des Winters, meist in Ufernähe

● NAHRUNG
Die Jungfische fressen zunächst Wasserinsekten, dann kleine Fische und später immer größere Fische. Erwachsene Hechte überwältigen auch Frösche, Schermäuse, Entenküken und sogar ausgewachsene Wasservögel. Kannibalismus ist häufig.

● LEBENSRAUM
Stehende oder fließende Gewässer mit dichter Vegetation

● VERBREITUNG
Gemäßigte Zonen Europas, Asiens und Nordamerikas, in den Alpen bis in 1500 m Höhe

▲ Die senkrechten Körperstreifen tarnen den Hecht vorzüglich im Schilf und zwischen anderen Wasserpflanzen. Der Hecht ist unser draufgängerischster Beutegreifer.

Das Schilf bietet eine perfekte Deckung; dort wartet der Hecht unbeweglich auf ein passendes Opfer.

Die Füße der Enten, die heftig im Wasser paddeln, senden leicht erkennbare Signale zu den Sinnesorganen, die der Hecht zu beiden Seiten seines Körpers besitzt.

Das langgestreckte „Entenschnabel"-Maul ist stromlinienförmig gestaltet. Der Hecht kann es weit aufreißen, um auch große Beutetiere zu verschlingen.

Durch die fächelnde Bewegung der Brustflossen kann sich der Hecht zwischen den dichten Wasserpflanzen langsam und unbemerkt seiner Beute nähern.

Seine Bauchflossen sind ziemlich weit hinten am Körper angeordnet und durch knöcherne Strahlen verstärkt. Sie haben eine stabilisierende Aufgabe, da Schwanz-, After- und Rückenflosse für den Vortrieb bestimmt sind.

◄ **Die Brust- und Bauchflossen eines großen Hechtes sind im Vergleich zum Körper relativ klein. Die gesamte Vortriebskraft entsteht durch Schwanzschläge.**

diese Sinne wichtiger als die Augen, um erfolgreich zu jagen. Man sagt sogar, daß viele blinde Hechte bei bester Gesundheit bleiben, weil sie mit Hilfe der übrigen Sinne genügend Beute aufspüren können.

Im Laufe der Evolution findet zwischen Jäger und Beutetieren ein regelrechter Wettbewerb statt: Die Beutegreifer passen ihre Jagdmethoden den Fähigkeiten ihrer Beutetiere an, um sie erfolgreich zu fangen, während diese sich ihrerseits fortentwickeln, um die Verfolger möglichst effektiv abzuschütteln. Manche Fische schützen sich beispielsweise vor ihren Feinden, indem sie ihre Flossenstrahlen in harte und spitze Stacheln umwandeln – ein Prozeß, der allerdings Millionen von Jahren in Anspruch genommen hat. Eine weitere Methode der Feindabwehr zeigen uns die Elritzen: Bei ihnen produzieren beschädigte Hautzellen eine Substanz, die ins Wasser abgegeben wird, wenn der Fisch von einem Räuber, etwa einem Hecht, angegriffen wird; dieser Schreckstoff warnt die anderen Mitglieder des Fischschwarms vor der drohenden Gefahr – eine fantastische Anpassungsleistung, die dem todgeweihten Fisch keinerlei Nutzen bringt. Sie wirkt in unseren Augen als „selbstlos“, tatsächlich sind alle Fische im Schwarm jedoch eng miteinander verwandt und haben eine große Anzahl gemeinsamer Gene. Wenn also ein Fisch einem verwandten Artgenossen helfen kann zu überleben, selbst um den Preis seines eigenen Lebens, erhöht er die Chance, daß ein Teil seiner Gene weitergegeben wird.

Der Hecht ist eine uralte Fischart. Man hat Fossilien von Hechten gefunden, die eine halbe Million Jahre alt sind. Sie ähneln den heutigen Formen, was zu beweisen scheint, daß in der Natur ein sehr erfolgreiches „Modell“ ohne große Veränderungen über unzählige Generationen existieren kann.

FORTPFLANZUNG

Männliche Hechte sind nach zwei oder drei Jahren geschlechtsreif, die weiblichen erst fast ein Jahr später. Die Laichzeit beginnt am Ende des Winters, wenn die Wassertemperatur mindestens 6–7 °C erreicht hat. Die Weibchen legen ihre kleinen, gallertartigen Eier in Paketen ab, die an den Stengeln von Wasserpflanzen haften bleiben. Hechte sind außergewöhnlich fruchtbar – ein Weibchen produziert erstaunliche 15000–20000 Eier pro Kilogramm Körpergewicht; ein großer Hecht kann also mehrere 100000 Eier hervorbringen. So können die Hechtbestände auf etwa dem gleichen Niveau bleiben, selbst wenn nur ein geringer Prozentsatz der Brut überlebt.

Die Larven besitzen am Kopf ein Drüsenpolster, das es ihnen ermöglicht, sich an einer Wasserpflanze festzuheften; dort bleiben sie zunächst angeklammert, zehren ihren Dottersack auf und warten ab, bis sich ihre Flossen voll entwickelt haben. Hechtlarven ernähren sich von Wasserinsekten, Junghechte erbeuten anfangs bereits Kaulquappen und kleine Fische. Je mehr sie wachsen, desto größer sind natürlich auch die Tiere, auf die sie Jagd machen.

Hechte wählen als Beute gewöhnlich Fische, deren Gewicht 10–15 % ihrer eigenen Körpermasse beträgt; bisweilen verschlingen sie jedoch auch Beutetiere, die fast die Hälfte ihres eigenen Gewichts auf die Waage bringen. Das bedeutet, daß ein 10-kg-Hecht (was nicht selten der Fall ist) eine Forelle oder einen Lachs mit 4 kg überwältigen kann. Um ihr Gewicht min-

GEMEINSAM STARK

Diese kleinen Elritzen haben verschiedene Vorteile davon, daß sie im Schwarm leben. Bei einem Angriff können die aufgescheuchten, nach allen Seiten davonstiebenden Fische einen Beutegreifer verwirren. Das verringert für den einzelnen Fisch das Risiko, selbst zur Beute zu werden. Ein Fischschwarm verhält sich ähnlich einem einzigen großen Individuum, denn ein Alarmsignal wird in vergleichbar kurzer Zeit innerhalb der kompakten Formation weitergeleitet.

▲ **Die Koordination der Bewegungen in einem Schwarm Fische ist erstaunlich: Jeder einzelne von ihnen wiederholt in einem Sekundenbruchteil die von den anderen ausgeführten Bewegungen.**

Umsichtige Kannibalen

Junghechte haben Vorteile, wenn sie ihre Artgenossen fressen. Diese Nahrungsergänzung erlaubt es dem Kannibalen, schneller zu wachsen und einen großen Teil der vorhandenen Nahrung für sich zu beanspruchen.

Der Kannibalismus beginnt bereits, wenn der Kannibale noch kaum größer ist als das Opfer – ein Riesenhappen!

Da der Kannibale den Kopf des Opfers mit seinen nach hinten gerichteten Zähnen festhalten kann, hat dieses kaum eine Chance, ihm zu entkommen.

Der Kannibale läuft jedoch Gefahr zu ersticken, wenn er zu gierig gewesen ist!

Eine so umfangreiche Mahlzeit reicht dem jungen Hecht für mehrere Wochen. Von Fischern gefangene Hechte haben oft einen leeren Magen. Man nimmt an, daß ihre Mahlzeiten eher selten sind und zeitlich oft weit auseinanderliegen.

destens zu halten, müssen erwachsene Hechte pro Jahr eine Nahrungsmenge aufnehmen, die etwa sechs- bis achtmal größer ist als ihre Körpermasse. Das ist eher wenig, sie können jedoch zwischen den einzelnen Mahlzeiten lange Pausen einlegen.

Das Beutespektrum des Hechtes ist vielfältig, auf seinem Speiseplan stehen neben Fischen auch Frösche, Schermäuse, Entenküken und bisweilen sogar ausgewachsene Wasservögel. Und schließlich soll es Hechte gegeben haben, die einen kaum kleineren Artgenossen fressen wollten und dabei erstickt sind. Es wird sogar glaubhaft berichtet, daß Hechte versucht haben sollen, die untergetauchten Köpfe von Schwänen zu verschlingen, die gerade Unterwasserpflanzen abweideten – da waren die Augen wohl größer als der Magen!

Kannibalismus gehört beim Hecht zum üblichen Verhaltensrepertoire. In manchen Gebieten, in denen andere Fischarten selten sind, können die Hechtpopulationen nur deshalb überleben, weil die kleineren Artgenossen als Nahrungsressource für die größeren herhalten müssen. Und selbst dort, wo es genügend andere Beutetiere gibt, betreiben Hechte schon von frühester Jugend an Jagd auf ihresgleichen. Da die Ablage des Laichs zu Beginn des Frühlings stattfindet, müssen die jungen Hechte warten, bis die Brut der Flußbarsche geschlüpft ist, damit ausreichend große Beutetiere zur Verfügung stehen. Sie überbrücken die Zeit bis dahin, indem sie sich an Wirbellosen, wie Kleinkrebsen, Eintagsfliegen- und Libellenlarven, schadlos halten. Jene, die schneller wachsen, schnappen jedoch nicht nur einmal nach ihren Artgenossen. Das geschieht zu einem Zeitpunkt, zu dem die größten der jungen Hechte gerade einmal 3–5 cm lang sind. Die kleinen Kannibalen entwickeln sich dann noch schneller und sorgen so dafür, daß eine große Zahl der eigenen Geschwister aus dem Gewässer verschwindet.

Durch diesen Hang zum Vertilgen der Artgenossen kommt es zu einer Selbstregulierung der Hechtpopulation – wenn der Bestand groß ist, wächst auch die Kannibalismusrate und umgekehrt. Ein solches Verhalten ist beispielsweise auch bei Barschen häufig zu beobachten.

DIE NATUR BEOBACHTEN

WO KANN MAN HECHTE SEHEN?

- Hechte sind das ganze Jahr über in geeigneten Gewässern anzutreffen. Am besten beobachtet man sie jedoch zeitig im Frühjahr, wenn die großen Weibchen, oft in Begleitung mehrerer kleinerer Männchen, seichte Gewässerabschnitte aufsuchen, um zu laichen. Besonders günstig dafür sind stark verkrautete Randbereiche oder überschwemmte Wiesen. Die Laichzeit fällt meist mit dem Blühen der ersten Frühlingsblumen zusammen.

DAS LEBEN DES HECHTES

KRÄFTIGE WEIBCHEN
Weibliche Hechte können über 20 Jahre alt werden und eine Länge von mehr als 1 m erreichen, während ein Männchen kaum über 5 kg auf die Waage bringt. Junge Hechte fressen oft Artgenossen. Manchmal frißt aber auch ein großes Weibchen einen unliebsamen Bewerber einfach auf.

RIESENHECHTE
In Deutschland und Österreich entdeckte man Hechte von 25 kg; in Großbritannien erreichten manche Weibchen sogar 34 kg. Heute sind diese Riesen aber selten geworden, denn zu viele Angler möchten den „Fang ihres Lebens“ machen.

GEFÄHRDETE ART
Der Hecht wird allgemein von Fischern und Anglern geschätzt, daher setzen die Fischereiverbände den Raubfisch häufig in Gewässer ein – ausgenommen in Forellengewässer. Die Hechtpopulationen sind in vielen Gewässern rückläufig, da geeignete Laichplätze wie überschwemmte Wiesen und Ufer mit dichter natürlicher Vegetation immer seltener werden. Daher gilt die Art in Deutschland als gefährdet. Wichtige Schutzmaßnahmen für den Hecht sind daher die Wiederherstellung von ausreichend breiten Uferstreifen und die Wiederanbindung von Altarmen an den Fluß.

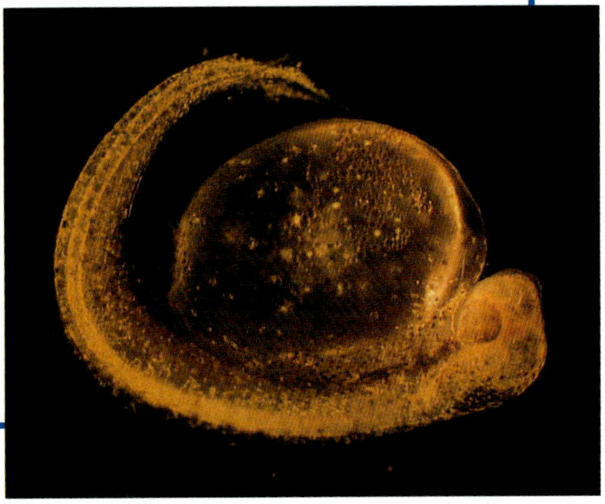

▲ **Der Hechtembryo entwickelt sich im Inneren des Eies und ernährt sich von seinem großen Dottersack. Unzählige Eier werden von der Strömung fortgetragen oder von Beutegreifern gefressen, bevor die Hechtlarven schlüpfen können.**

Partnersuche

Die Hechte führen gewöhnlich ein einzelgängerisches Leben. Gegen Ende des Winters beginnt jedoch die Fortpflanzungszeit, dann erregen laichbereite Weibchen nicht selten das Interesse von zwei oder mehr der kleineren Männchen; sie folgen dem Weibchen in der Hoffnung, dessen Eier besamen zu können. Die Eltern spielen bei der Entwicklung der Jungtiere keinerlei Rolle. Ganz im Gegenteil, ein junger Hecht kann sogar von einem Elternteil aufgefressen werden.

Die Weibchen legen ihren Laich in der Nähe üppig bewachsener Ufer ab, wo die Eier an Wasserpflanzen haftenbleiben. Die Larven finden dort nicht nur Unterschlupf, sondern auch Nahrung, vor allem Wasserinsekten.

Der Wels – Nachtjäger im Fluß

Welse sind die größten Fische in deutschen Seen und Flüssen. Sie jagen gerne nachts und spüren trotz der Dunkelheit ihre Beutetiere zielgenau auf. Dabei bauen Welse mit ihren Barteln elektrische Felder auf.

Der Wels *(Silurus glanis)* ist der König der Raubfische. Ein Riese, der bis zu 5 m lang und 300 kg schwer werden kann (Osteuropa). Bei uns liegt der Rekord bei über 80 kg. Langer, sich verjüngender Körper; die Färbung variiert, meist ist der Wels jedoch bräunlich marmoriert mit heller Bauchseite; breiter, flacher Kopf mit weitem Maul, besetzt mit vielen kleinen Zähnen; zwei lange Bartfäden am Oberkiefer, vier kürzere an der Unterlippe; lange und bis zur Schwanzflosse reichende Afterflosse, kleine Rückenflosse; schleimige und schuppenlose Haut; kleine Augen. Er gilt als Hai in deutschen Gewässern.

Lebensraum: Der (europäische) Wels kommt in weiten Teilen Mittel- und Osteuropas vor; in vielen Gewässern wurde er eingesetzt. Auch im Brackwasser der Ostsee und im Schwarzen Meer lebt er.

Lebensweise: Der Wels bewohnt bevorzugt große, warme Seen und tiefe, langsam fließende Flüsse. Er ist ein ausgesprochen dämmerungs- und nachtaktiver, bodenorientierter Raubfisch, der sich tagsüber in Verstecken am Grund aufhält. Welse leben mit Vorliebe im tiefen Wasser, unter Wehren, in Bodenlöchern oder versteckt zwischen den Wurzeln alter Bäume. Den Winter verbringen sie im tiefen Wasser. Welse ernähren sich von Würmern, Schnecken, Insekten, Krebsen und Fischen sowie mit zunehmender Größe auch von Fröschen, Mäusen, Ratten und Vögeln.

Größe: Durchschnittsgrößen liegen bei 100 bis 150 cm, Gewichte bis zu 300 kg sind – vor allem in Osteuropa – möglich. Alter: über 50 Jahre.

Zur Jagd benutzt der nachtaktive Wels seine Barteln: Im schlammigen Bodengrund registriert er damit kaum meßbare elektrische Felder der Beutetiere und kann diese so gezielt orten und aufspüren.

▼ Welse, auch Waller genannt, können bis zu 5 m lang, 300 kg schwer und bis zu 50 Jahre alt werden. Sie lauern in der Tiefe und gehen nachts auf die Jagd.

ZANDER

Markenzeichen des Zanders *(Sander lucioperca)*: Zwei voneinander getrennte Rückenflossen, die vordere mit Stachelstrahlen, sowie spitze Schnauze. Dieser Raubfisch bevorzugt große Flüsse und Seen mit hartem, sandigem Grund und planktontrübem Wasser. Er hält sich nur selten in ufernahen Flachwasserbereichen oder in pflanzenreichen Regionen auf.
Der Zander ist ein dämmerungs- und nachtaktiver Fisch, der sich tagsüber in größeren Wassertiefen versteckt. Er jagt kleinere Fische wie Rotaugen und Barsche, verschmäht aber auch Angehörige der eigenen Art nicht. Zander werden 40–70 cm, unter optimalen Lebensbedingungen bis 130 cm lang und über 15 kg schwer. Sie können bis zu 15 Jahre alt werden. Zander gehören zu den begehrtesten Speisefischen.

Der Zander zählt zu den begehrtesten Speisefischen Deutschlands. Er ist ein nachtaktiver Räuber. Markenzeichen: die fächrigen Stachelstrahlen der vorderen Rückenflosse.

SCHLEIE

Die Schleie *(Tinca tinca)* hat einen gedrungenen, kräftigen Körper, in jedem Mundwinkel steht eine kurze Bartel. Sie bewohnt langsam fließende, weichgrundige Gewässer sowie flache, warme und krautreiche Seen. Hier hält sie sich tagsüber am Grund zwischen dichten Pflanzenbeständen auf und wird erst in der Dämmerung aktiv. Schleien findet man im unteren und mittleren Abschnitt von Flüssen, in Teichen, Weihern, Stauseen und an anderen geeigneten Orten. Sie vertragen auch das schwach salzige Wasser der östlichen Ostsee. Die Schleie ernährt sich vorwiegend von kleinen bodenlebenden Wirbellosen, wie Insektenlarven, Schnecken, Muscheln, sie selbst steht unter anderem auf dem Speiseplan von Hechten. Im Durchschnitt werden Schleien 30–35 cm lang. Einzelne Exemplare können auch bis 65 cm messen und ca. 6 kg schwer werden. Sie können über 20 Jahre alt werden.

Die Schleie lebt bevorzugt am Grund. Nur in der Laichzeit zwischen Mai und Juni suchen die Weibchen die flachen, ufernahen Bereiche auf, legen bis zu 300000 Eier.

FORELLE

Die Bachforelle *(Salmo trutta fario)* ist der Fisch des Jahres 2005. Sie kommt in klaren, sauerstoffreichen Fließgewässern vor. Die Bachforelle sucht zur Laichzeit (Spätherbst und Winter) kleinere und kleinste Nebenbäche auf, um auf sandig-kiesigen, schnell durchströmten Flachwasserbereichen abzulaichen. Deshalb müssen die Bachsysteme durchgängig sein. Die Bachforelle liebt Verstecke und tiefe Stellen. Ihre Nahrung besteht aus Krebsen, Würmern, Schnecken, Insekten und aus kleineren Fischen. Bachforellen erreichen eine Größe von 30–60 cm und wiegen 0,5–2 kg. Bei gutem Nahrungsangebot können sie aber auch über 1 m lang und bis zu 9 kg schwer werden. Die typischen Färbungsmerkmale sind ein dunkel-olivgrüner Rücken mit schwarzen Flecken und die roten Punkte auf den goldgelben Flanken. Zeichnung und Farbe können sich dem Hintergrund anpassen, so daß die Tiere fast perfekt getarnt sind.

Bachforellen brauchen klares, sauberes, sauerstoffreiches Fließgewässer. Sie leben aber auch in Gebirgsseen bis in 1500 m Höhe.

Teichhuhn mit Jungen
auf dem Nest

Eisvogel auf seiner Ansitzwarte

VOGELWELT AN GEWÄSSERN

Flüsse und Seen bergen eine artenreiche Vogelwelt. Man kann nicht nur auf dem Wasser Schwimm- und Tauchvögel beobachten, auch im üppigen Bewuchs an den Ufern leben viele Vögel.

Der Höckerschwan

Vom häßlichen Entlein zum schönen Schwan – das Leben dieses majestätischen Vogels ist nicht nur im Märchen faszinierend. Einst stand der Schwan als Festmahl auf der Speisekarte der Könige. Heute gehört der Höckerschwan zu den auffälligsten heimischen Vogelgestalten.

WANDLUNG

Der ausgewachsene, schneeweiße Schwan ist von großer Eleganz, was ihn von seinen unscheinbaren Jungen unterscheidet. Kein Wunder, daß die Geschichte vom häßlichen Entlein zu einem bekannten Märchen wurde. Aber es ist fraglich, ob der Gedanke an die bevorstehende Verwandlung den jungen Schwan besonders beeindruckt! Der Übergang vom braungrauen Dunenkleid der Jungen zum weißen Gefieder der ausgefärbten Vögel vollzieht sich in einem Zeitraum von 6–7 Monaten. Sobald die Jungvögel viel Weiß zeigen, verhält sich der Vater ihnen gegenüber aggressiver, um sie aus dem elterlichen Territorium zu verjagen. Sie müssen sich dann ein eigenes Revier suchen. Gelegentlich trifft man auch Jungschwäne, die von Anfang an weiß sind. Dies ist eine sogenannte Immutabilis-Mutation.

Um die Wanderungen der Vögel nachvollziehen zu können, befestigt man bei manchen von ihnen in Beringungsstationen an einem Bein einen Metallring mit eingravierter Kennnummer und Adresse der Beringungsstation. Natürlich ist klar, daß ein so gekennzeichneter Höckerschwan mit höherer Wahrscheinlichkeit wiedergefunden wird als ein beringter Kleinvogel. Und tatsächlich werden etwa 40 % wiedergefunden – während es bei beringten Baumpiepern nur einer von 300 ist! Das liegt aber nicht nur an der Größe und Auffälligkeit der Schwäne, sondern auch daran, daß sie

▲ Höckerschwäne sind sehr aufmerksame Eltern. Sie verteidigen ihr Nest und ihre Küken sehr vehement gegen jeden Eindringling, auch gegen Menschen.

häufig in Parks der Städte leben, wo ein toter Schwan den Parkangestellten und Spaziergängern selten verborgen bleibt.

Viele Höckerschwäne tragen zusätzlich zu den Metallringen spezielle Farbringe. So kann man die Vögel mit etwas Glück und einem Fernglas identifizieren, ohne sie zum Ablesen der Ringnummer einfangen zu müssen. Im Rahmen der von den Vogelwarten durchgeführten Verhaltensstudien werden die Vögel Monat für

KENNKARTE

Höckerschwäne leben an Seen, Flüssen, die höchstens eine schwache Strömung aufweisen, und an der Küste. Die Mehrzahl der Brutvögel bleibt das ganze Jahr über paarweise im Bereich ihrer Brutplätze; die Schwäne bilden aber gebietsweise große Trupps, vor allem im Winterhalbjahr an Gewässern, wo sie gefüttert werden.

● NAME
Deutscher Name: Höckerschwan
Wissenschaftlicher Name:
Cygnus olor

● GRÖSSE UND GEWICHT
Länge: bis zu 160 cm
Gewicht: 7–12 kg

● MERKMALE
Wenige Vögel in unseren Regionen sind so groß und einheitlich weiß gefiedert wie der Höckerschwan. Meist sieht man ihn auf dem Wasser schwimmen, mitunter an Land Nahrung suchen – in der Regel auf Wiesen- oder Getreideflächen. Von Zwerg- und Singschwan unterscheidet ihn sein orangefarbener Schnabel mit schwarzem Höcker sowie der beim Schwimmen s-förmig geschwungene Hals.

● NEST
Ein beeindruckend großer Haufen von Pflanzenteilen, die meist vom Männchen herangeschafft und vom Weibchen verbaut werden. Das Nest mißt 2 m im Durchmesser, nicht selten auch deutlich mehr.

● EIER
Rund, blaßgrün; 5–8 (–11) Eier pro Gelege

● NAHRUNG
Im Wasser Wasser- und Sumpfpflanzen; an Land Gräser und Feldfrüchte

● STIMME
Zischende und fauchende Laute

● JUNGE
Bleiben ungefähr einen Tag im Nest und folgen dann den Eltern ins Wasser; kehren manchmal zum Nest zurück, um dort zu ruhen; mit 4–5 Monaten flugfähig

● LEBENSRAUM
Lebt überall dort, wo es größere Wasserflächen mit ruhigen Uferzonen gibt; fehlt an manchen Stauseen und Bergseen

▲ Das Höckerschwan-Weibchen trägt die Jungen auf dem Rücken zwischen den leicht aufgestellten Flügeln. Die Kleinen klettern hinauf, indem sie sich an den abgesenkten Schwanzfedern der Mutter festhalten.

GESCHÜTZTE ART!

Der Schwan war früher als „Wildbret der Adligen" sehr geschätzt. Heute sind die Höckerschwäne in den meisten europäischen Ländern ganzjährig geschont.

Verbreitung

Das ganze Jahr anwesend

Der Höckerschwan in Deutschland

Beide Geschlechter besitzen als Altvögel einen orangefarbenen Schnabel – an der Basis mit schwarzem Höcker, der beim Männchen deutlich kräftiger ausgebildet ist.

Der Hals bildet oft ein elegantes S, kann aber auch gerade gehalten werden, wenn der Vogel schnell schwimmt.

In Ruhehaltung sind die Flügel entspannt und abgesenkt. Der Höckerschwan kann sie aber hochstellen und abspreizen, wenn er sich bedroht fühlt oder einen Eindringling einschüchtern will.

Monat individuell identifiziert, um Erkenntnisse zu Aktionsraum und Sozialverhalten zu gewinnen. So fand man beispielsweise heraus, daß die dominanten Schwäne oft über viele Jahre hinweg mit demselben Partner zusammenbleiben. Manchmal kommt es jedoch auch zum Ende einer Partnerschaft, denn auch bei Schwänen halten die Paarbindungen nicht immer zwangsläufig ein ganzes Leben lang. Allerdings ist die Trennungsrate bei Schwanenpaaren, die keinen Nachwuchs bekommen, deutlich höher.

Viele Höckerschwäne bleiben Monate, oft sogar Jahre im selben Revier. Unter diesen Bedingungen werden manche großen Männchen 14–15 kg schwer; manche „gemästeten" Parkschwäne sind zu schwer zum Fliegen oder brauchen einen extra langen Anlauf auf der Wasserfläche, um abheben zu können. Höckerschwäne haben gerade so viel Muskelkraft, daß sie aktiv fliegen können. Der Ruderflug kostet sie aber sehr viel Kraft, besonders in der Startphase. Wenn sie einmal in der Luft sind und eine recht hohe Geschwindigkeit erreicht haben, ist ihr Flug weniger energieintensiv – wie bei einem Flugzeug. Fliegende Schwäne kommen wegen ihres Tempos und der geringen Manövrierfähigkeit nicht selten zu Schaden, wenn sie gegen Stromleitungen, Masten, Brücken oder Windkraftanlagen prallen.

Mit Blei vergiftete Vögel

In den vergangenen Jahren erschienen immer wieder Berichte, daß in Deutschland und manchen anderen Ländern Höckerschwäne eines langsamen, qualvollen Todes starben: Die Brust der großen Vögel schwoll an, und sie verdrehten nach Luft ringend ihren Hals – typisches Symp-

Die Elternvögel und ihr Nachwuchs

Die Jungschwäne bleiben im Frühjahr und den ganzen Sommer bei ihren Eltern.

Schwäne ernähren sich oft ausschließlich von Wasserpflanzen; große Seen mit geringer Tiefe sind bestens als Brutreviere geeignet.

Da der Hals der jungen Schwäne noch zu kurz ist, um die Pflanzen unter Wasser zu erreichen, werden die Küken in den ersten Wochen von den Elternvögeln mit Teilen ausgerupfter Wasserpflanzen und anderer Nahrung versorgt.

▶ **Der Höckerschwan hält seinen Hals beim Schwimmen häufig in S-Form, was ihn vom Singschwan unterscheidet und wodurch er von weitem zu erkennen ist.**

WILDE SCHWÄNE

▼ **Höckerschwäne bilden im Winterhalbjahr oft große Trupps. Zu Frühlingsanfang kann man manchmal den Beginn der Schwanenbalz beobachten.**

Zwei weitere Schwanenarten besuchen im Winter den Norden Mitteleuropas. Der kleinere, der Zwergschwan *(Cygnus columbianus)*, brütet auf kleinen Gewässern in der russischen Tundra. Seine Überwinterungsgebiete erstrecken sich von Norddeutschland über Holland bis zu den Britischen Inseln; dort suchen die Schwäne auf küstennahen Naßwiesen und anschließenden Feldern mit Wintergetreide nach Nahrung. Ihr gelber Schnabelfleck ist vorne abgerundet und überdeckt vorwiegend die Schnabelbasis.
Der Singschwan *(Cygnus cygnus)* ist größer, langhalsiger und weniger gänseähnlich, er besitzt einen ausgedehnteren, nach vorne zu keilförmigen, gelben Schnabelfleck. Er ist Brutvogel in Skandinavien, Finnland und Nordrußland, wo er auf Seen in Moor- und Tundragebieten nistet. In den letzten Jahrzehnten hat dieser Schwan sein Brutareal weit nach Süden ausgedehnt und ist, wenn auch in nur wenigen Paaren, inzwischen Brutvogel von Nordostdeutschland (Brandenburg). Als Wintergast sieht man diesen Schwan vor allem an der Nord- und Ostseeküste, aber auch auf Gewässern der Norddeutschen Tiefebene und gelegentlich sogar auf Seen des Alpenvorlands.

Die abgerupfte Pflanze wird dem Küken präsentiert, um es zu selbständiger Nahrungssuche anzuregen.

Da der Nährwert der Wasserpflanzen nicht sehr hoch ist, müssen die Kleinen viel fressen, um groß zu werden.

Das erste Küken versteht die Aufforderung der Mutter und taucht den Kopf unter Wasser, um die Pflanze zu erreichen, während das zweite von seiner Mutter ermuntert wird, es ihm nachzutun.

Mit der Zeit wird der Hals des jungen Schwans länger, und er lernt, sich selbst mit Nahrung zu versorgen.

▲ Junge Schwäne, die gerade aus dem Ei geschlüpft sind, wirken in ihrem grauen Flaum sehr niedlich. Dieses braungraue Dunenkleid behalten sie einige Wochen.

▶ Die Jungen entfernen sich niemals weit von ihren Eltern, die ihnen bei der Nahrungssuche helfen und sie vor Feinden beschützen.

GEFÄHRLICH

In manchen Ländern werden keine Bleigewichte mehr beim Angeln verwendet, um das Vergiftungsrisiko für Schwäne und andere Wasservögel zu verringern; große Mengen dieses Schwermetalls finden sich noch immer auf dem Grund vieler Gewässer. Eine weitere Gefahr sind Nylonangelschnüre, die ins Wasser „entsorgt“ werden, denn sie können die Vögel strangulieren.

NESTBAU

Schwanenpaare sind sehr standorttreu und brüten auch nach Möglichkeit Jahr für Jahr am gleichen Neststandort. Das große Nest befindet sich meist in einem Gebiet, in dem es möglichst vor Überschwemmungen geschützt ist. Bei starkem Regen oder Hochwasser werden die Eier manchmal aber trotzdem weggespült. Sollten Sie dies beobachten, können Sie die Eier einsammeln und vorsichtig wieder ins Nest legen, wenn das Hochwasser vorbei ist und die Eier noch nicht länger als 1–2 Stunden außerhalb des Nestes waren. Schwere Eier, die nicht schwimmen, sind noch nicht lange bebrütet; aus ihnen könnten noch Küken schlüpfen. Bei ziemlich leichten, schwimmenden Eiern war der Jungvogel weit entwickelt, und er hat vermutlich das kalte Wasser nicht überlebt.

▲ Das Weibchen verläßt während des Brütens das Nest nur selten. Das Männchen vertreibt Eindringlinge sehr vehement.

▼ Der Flug des Höckerschwans ist kraftvoll und voller Eleganz. Die Flügelschläge verursachen ein laut singend-wummerndes Geräusch.

tom einer Bleivergiftung, dadurch ausgelöst, daß Schwäne die Bleigewichte der Fischer fraßen. In Gebieten, in denen Fischer ein ungiftiges Material für die Gewichte verwendeten, gab es dagegen keine derartigen Todesfälle. Die Schwäne fressen die Bleigewichte nicht absichtlich, sondern verwechseln sie mit Steinchen, die sie verschlucken, um die Nahrung im Magen zerreiben zu können („Magensteine"). Vom Kaumagen aus gelangt das Blei in den Blutkreislauf und in das Körpergewebe, wo es unter anderem die beschriebenen Vergiftungssymptome auslöst.

Leben als Paar

Paare sind meist territorial und reagieren gegenüber anderen großen Wasservögeln, vor allem denjenigen mit weißem oder hellem Gefieder, häufig sehr aggressiv. In manchen Gebieten kann man jedoch beobachten, daß Dutzende von Paaren in geringem Abstand zueinander brüten und ihre Jungen aufziehen. Dieses Verhalten trifft vor allem auf Parkvögel zu, die regelmäßig gefüttert werden, läßt sich aber auch auf größeren Seen feststellen, wo die Schwäne von Menschenhand gefüttert werden. Diese Koloniebildung entspricht nicht dem artgemäßen Verhalten des Höckerschwans, sondern ist eine Domestikationserscheinung.

Meistens bewohnen einzelne Höckerschwanpaare kleine oder mittelgroße Wasserflächen. Auf größeren Seen beansprucht ein Paar knapp 5 ha der Fläche für sich, inklusive eines ziemlich breiten Uferstreifens, an dem die Vögel Pflanzen abweiden – vor allem, wenn das Wasser zu tief ist, um an Wasserpflanzen zu gelangen. An kleineren Fließgewässern kann man alle 2–3 km auf ein Schwanennest stoßen. Benachbarte Männchen kennen die Reviergrenzen sehr genau, sie verbringen dort viel Zeit mit Drohgebärden, ohne jedoch gleich zum Angriff überzugehen.

▶ Wenn der Höckerschwan schläft oder tagsüber ruht, legt er seinen Hals auf den Rücken und steckt den Schnabel unter einen Flügel.

Zug- und Standvögel

Die Brutvögel Mitteleuropas sind Standvögel und bleiben oft sogar ihr ganzes Leben in derselben Region, nicht selten am selben Gewässer. Manche Brutvögel wandern im Winter zu nahrungsreicheren Seen und Flüssen, vor allem innerhalb von Städten, wo die Vögel manchmal zu Hunderten auftreten. Dagegen sind manche Populationen Nord- und Osteuropas echte Zugvögel, die auf dem Weg in die Winterquartiere und zurück mitunter jeweils über 1000 km zurücklegen. Zu kleineren Ausweichbewegungen kommt es auch weiter südlich, wenn in harten Wintern die meisten Gewässer zugefroren sind.

Drohgebärden

Der Höckerschwan verteidigt seinen See- oder Flußabschnitt gegen Eindringlinge. Er greift zwar keine kleinen Wasservögel wie Reiherenten und Stockenten an, Gänse und fremde Schwäne werden aber heftig attackiert.

Bei der Balz oder um einen Rivalen zu beeindrucken, legt das Höckerschwan-Männchen seinen Hals weit nach hinten und spreizt die hochgehaltenen Flügel ab, was seine Wirkung meist nicht verfehlt.

DIE NATUR BEOBACHTEN

WO KANN MAN SCHWÄNE SEHEN?

- Es gibt oft viele Schwäne auf Seen, Parkteichen und auch häufig auf langsam fließenden Flüssen.
- Schwäne, die auf Gewässern in größeren Städten leben, sind oft sehr zutraulich und lassen sich füttern. Die mutigsten von ihnen drängeln sich sogar vor, um einem Menschen das Brot aus der Hand zu reißen.
- Schwäne leben zwar im Prinzip das ganze Jahr über auf ihren angestammten Gewässern, oft mangelt es dort aber im Winter an Nahrung. Deshalb verlassen viele ihre Brutseen und schließen sich umherziehenden Trupps von Nichtbrütern an.
- Bei sehr feuchter Witterung kann es vorkommen, daß fliegende Höckerschwäne nasse Straßen für Wasserflächen halten und auf ihnen landen. Dabei können sie sich leicht an den Beinen verletzen.
- Manche Schwäne gewöhnen sich an Menschen, die sie regelmäßig füttern. Sie wirken dann sehr zutraulich, können sich aber gegenüber Neulingen als vorsichtig erweisen.

▶ Territoriale Schwäne versuchen Eindringlinge oft dadurch einzuschüchtern, daß sie ihnen entgegenfliegen und kurz vor ihnen mit lautem Fußplatschen und heftigem Wasserspritzen landen.

SINGSCHWAN *Cygnus cygnus*

Ein strahlend weißer Schwan mit keilförmigem Kopf-Schnabel-Profil; Schnabel schwarz, langer, gelber Keil an den Seiten; Beine schwarz; beide Geschlechter einander sehr ähnlich; Jungvögel im Vergleich zu jungen Höckerschwänen heller und grauer, weniger bräunlich, Schnabel fleischfarben mit schwarzer Spitze; Flug in V-Formation oder Reihen; Überwinterer kommen regelmäßig an die Nord- und Ostseeküste, aber auch ins Norddeutsche Tiefland und gelegentlich sogar auf Seen des Voralpenlandes.

● GRÖSSE
Länge: 145–160 cm

● FORTPFLANZUNG
Großes Nest aus Pflanzenteilen, meist auf trockenem Grund am Gewässerrand; 4–6 gelblich weiße Eier

● NAHRUNG
Wasser- und Uferpflanzen; im Winter auch Getreide auf abgeernteten Feldern

● STIMME
Laute, trompetenähnliche Rufe, besonders im Flug

● LEBENSRAUM
Brütet auf Seen in großen Mooren und in der Tundra Nordeuropas; überwintert auf Seen, überschwemmten Wiesen und in Sümpfen

● VERBREITUNG
Brütet in Brandenburg

▲ Nachdem sie einen Eindringling aus ihrem Revier vertrieben haben, bekräftigt das Singschwan-Paar seinen Revieranspruch. Sie stoßen gemeinsam mit hochgereckten Hälsen und seitlich abgespreizten, zitternden Flügeln ein durchdringendes „Triumphgeschrei“ aus.

ZWERGSCHWAN *Cygnus columbianus*

Kleinster europäischer Schwan; trägt ebenfalls ein rein weißes Federkleid, wirkt aber gänseähnlicher als der Singschwan; der gelbe Schnabelfleck überdeckt vorwiegend die Schnabelbasis, ist nach vorne abgerundet und zieht nicht so keilförmig nach vorne wie beim Singschwan. Jungvögel mit gräulichem Gefieder und rosa Schnabel mit gelblicher Basis; Familienverbände verbringen den Winter gemeinsam, in ihren traditionellen Winterquartieren nicht selten in großen Scharen; brütet in der Tundra Rußlands, besucht im Winter die Küstenbereiche Mitteleuropas

● GRÖSSE
Länge: 115–125 cm

● FORTPFLANZUNG
Brütet nicht in Mitteleuropa

● NAHRUNG
Wasserpflanzen, Wurzeln und Triebe von Wiesenpflanzen, Samen und Getreide

● STIMME
Sehr stimmfreudig; Trompetenrufe, vor allem im Flug, höher und mehr bellend als beim Singschwan

● LEBENSRAUM
Brütet in der Tundra; überwintert auf nassen Wiesen und Weiden im Küstenbereich

● VERBREITUNG
Im Winter in der Norddeutschen Tiefebene

▲ Der Zwergschwan, der kleinste europäische Schwan, ähnelt in seiner Gestalt am meisten einer Gans; im Winter trifft man ihn in Feuchtgebieten Norddeutschlands, wo er auf angrenzenden Feldern mit Wintergetreide nach Körnern sucht.

Haubentaucher auf seinem schwimmenden Nest

HAUBENTAUCHER *Podiceps cristatus*

Größter Lappentaucher Europas; schlank, mit langem, schmalem Hals und rötlich-braunem, langem, spitzem Schnabel; wechselt im Frühjahr in das Prachtkleid mit auffälligem kastanienbraunem und schwarzem Kopf- und Halsschmuck; im Winterhalbjahr dagegen unscheinbar graubraun und weiß; im Jugendkleid auffällig schwarz-weiß gestreift an Kopf und Hals

▲ **Wenn der Haubentaucher aus dem Wasser kommt, um seine Eier zu bebrüten, achtet er darauf, sein Gelege nicht naß zu machen, um eine abrupte Abkühlung zu vermeiden. Das große Nest besteht aus nassen Pflanzenteilen.**

● GRÖSSE
Länge: 50 cm

● NEST
Flaches, schwimmendes Nest, meist in Ufernähe

● FORTPFLANZUNG
Im April/Mai Gelege aus 2–7 Eiern

● NAHRUNG
Hauptsächlich Fische, die tauchend erbeutet werden

● LEBENSRAUM
Süßwasserseen, Stauseen, große, langsam fließende Flüsse; im Winter auch an der Küste und in Mündungsgebieten

● VERBREITUNG
In Mitteleuropa weitverbreitet und meist nicht selten

OHRENTAUCHER *Podiceps auritus*

Ziemlich klein und kompakt, mit recht kurzem, geradem Schnabel; im Winter überwiegend schwarz und weiß gefärbt, auf den Kopfseiten mit mehr Weiß als andere kleine Lappentaucher; im Wintergefieder ähnlich einem kleinen, kurzschnäbligen Haubentaucher; im Prachtkleid recht auffällig gefärbt durch die goldgelben, aufgerichteten Federbüschel an den Ohren

▲ **Während der Balzzeit ist der Ohrentaucher sehr bunt. Er hat rote Augen, die durch goldgelbe, aufrichtbare Federbüschel betont werden. Wie alle Lappentaucher taucht er nach Wirbellosen und Fischen.**

● GRÖSSE
Länge: 35 cm

● NEST
Schwimmender, an einem Stengel verankerter Haufen aus Wasserpflanzen, meist im Uferbereich von kleinen Seen

● FORTPFLANZUNG
Brütet in Mitteleuropa nur unregelmäßig in Einzelpaaren

● NAHRUNG
Hauptsächlich Wasserinsekten und Fische, die bei Tauchgängen erbeutet werden

● STIMME
Am Brutplatz quietschende Trillerreihen

● LEBENSRAUM
Brütet auf flachen Seen mit üppigem Pflanzenwuchs

● VERBREITUNG
Im Winter an der Küste, seltener auf größeren Binnenseen

SCHWARZHALSTAUCHER *Podiceps nigricollis*

Kleiner, kompakter Lappentaucher mit kurzem, an der Spitze leicht nach oben gebogenem Schnabel; „stupsnasiges" Aussehen durch steile Stirn; im Winter schwarz-weiß; im Prachtkleid kräftig gelbe, herabhängende Ohrbüschel, die einen reizvollen Kontrast zum Schwarz von Hals und Kopf und dem leuchtenden Rot der Augen ergeben

GRÖSSE
Länge: 28 cm

NEST
Verstecktes Nest aus Wasserpflanzen

FORTPFLANZUNG
Gelege aus 4–5 Eiern, im April/Mai

NAHRUNG
Hauptsächlich beim Tauchen gefangene Wasserinsekten und Fische

LEBENSRAUM
Im Sommer dicht bewachsene Seen, im Winter geschützte Küstenabschnitte und größere Seen

VERBREITUNG
In Deutschland nur lückenhaft brütend, im Winter weiter verbreitet

◀ Die hohe Stirn und der leicht nach oben gebogene („aufgeworfene") Schnabel kennzeichnen den Schwarzhalstaucher.

ROTHALSTAUCHER *Podiceps grisegena*

Wirkt wie die übrigen Lappentaucher im Winter schwarz-weiß; ist kleiner als der Haubentaucher, hat außerdem einen schwarzen Schnabel mit gelber Basis; ein weißer Überaugenstreif wie beim Haubentaucher fehlt; ist in Deutschland selten und brütet vorwiegend im Nordosten. Die meisten Rothalstaucher überwintern an westeuropäischen Küsten.

GRÖSSE
Länge: 45 cm

NEST
Schwimmender Haufen aus Wasserpflanzen

FORTPFLANZUNG
Gelege aus 3–4 Eiern, April bis Juni

NAHRUNG
Wasserinsekten, Krebstiere, Frösche und Fische

LEBENSRAUM
Kleine, flache Seen; im Winter küstennahes Meer und größere Seen

VERBREITUNG
In Mitteleuropa fast nur im Norden

◀ Die in Deutschland beobachteten Rothalstaucher tragen oft das unscheinbare Schlicht- oder Jugendkleid.

ZWERGTAUCHER *Tachybaptus ruficollis*

Kleinster in Mitteleuropa vorkommender Lappentaucher, zugleich der häufigste und der am weitesten verbreitete; im Schlichtkleid auf der Oberseite mattbraun, unterseits etwas heller und mehr beige; im Prachtkleid Wangen und Hals kräftig kastanienbraun, am Schnabelwinkel auffälliger gelblicher Fleck

GRÖSSE
Länge: 25 cm

NEST
Schwimmende Plattform zwischen den Uferpflanzen

FORTPFLANZUNG
Gelege aus 4–6 Eiern, April bis Juli; Eier werden mit Nistmaterial abgedeckt, wenn der brütende Vogel das Nest verläßt

NAHRUNG
Hauptsächlich Wasserinsekten, Kaulquappen, Schnecken und kleine Fische

LEBENSRAUM
Seen, Teiche und Tümpel mit dicht bewachsenen Ufern

VERBREITUNG
In ganz Mitteleuropa vorkommend

◀ Diese Art nistet an Seen, Tümpeln und an Fließgewässern mit geringer Strömung.

Seeadler und Fischadler

Sie wurden verfolgt, auch durch Umweltgifte fast ausgerottet. Doch erholen sich die Populationen der Adler in Deutschland wieder. Seeadler und Fischadler, unsere Könige der Lüfte, sind in ihrem Bestand kaum noch gefährdet.

Er ziert den Bundestag und den Rükken der 2-Euro-Münze: Der Seeadler *(Haliaeetus albicilla)* ist Deutschlands Wappenvogel. Dabei war unser Bundesadler schon einmal fast ausgestorben: Jahrhundertelang wurde er stark bejagt, später gab ihm das Pflanzenschutzmittel DDT, das er durch seine Beutetiere aufnahm, fast den Rest. Nur in Schleswig-Holstein und Mecklenburg-Vorpommern überlebten wenige Brutpaare, so daß er vor knapp 40 Jahren noch kurz vor der Ausrottung stand. Heute ist der mit bis zu 2,60 m Spannweite größte europäische Adler gesetzlich geschützt. Und sein Bestand hat sich deutlich erholt. Mittlerweile leben wieder 470 Paare (Stand Ende 2004) in der Bundesrepublik Deutschland – auch ein Erfolg konsequenten WWF-Engagements für den Seeadler seit 1968. Die meisten Tiere (209 Brutpaare) leben in Mecklenburg-Vorpommern. Die Altvögel haben einen hellen Kopf und Hals und weißen Keilschwanz, die Jungvögel sind dunkel.

▼ Ein Seeadler bei der Fischjagd. Die riesigen Schwingen (2,60 m Flügelspannweite) bremsen den Sturzflug des größten Raubvogels. Gleich packen die scharfen Krallen blitzartig zu.

▶ **Mit wuchtigen Flügelschlägen erhebt sich dieser Fischadler aus dem Wasser. Die Beute ist gesichert. Manchmal verschätzt sich der nur 67 cm große Greifvogel, weil der Fisch zu schwer ist.**

Der Lebensraum

Der Seeadler bewohnt in Mitteleuropa großflächige, waldreiche Seenlandschaften in alten, störungsfreien Wäldern oder Flußlandschaften, kommt aber auch an der Küste vor. Hier fängt er seine Nahrung, die überwiegend aus Fischen und Wasservögeln besteht. Seinen mächtigen Horst baut er in die Kronen alter Bäume. Frühestens im vierten Jahr sind Seeadler geschlechtsreif. Nachdem sich ein Paar gefunden hat, bleibt es in der Regel ein Leben lang zusammen. Mit der Brut beginnen Seeadler Mitte Februar bis Anfang April. Das Weibchen legt 1–3 Eier, an der Bebrütung, die 38–40 Tage dauert, beteiligt sich auch das Männchen. Die Jungen sind in 80–90 Tagen selbständig.

Die vom Wasser geprägten Landschaften, die der Seeadler bewohnt, haben vielfältige ökologische Funktionen: Sie sind gleichermaßen Speicher und Filter für unser Grundwasser, Rückhaltezone für Hochwasser und Lebensraum für eine Vielzahl von Pflanzen und Tieren. Der Seeadler dient wegen seines großen Flächenanspruchs als Leitart für den Schutz dieser ausgedehnten binnenländischen Feuchtgebiete. Der WWF initiierte bereits 1968 das Projekt Seeadlerschutz in Schleswig-Holstein, das als internationales WWF-Projektmodell auch auf nordeuropäische Länder wie Schweden, Finnland und Norwegen übertragen wurde.

Der Seeadlerschutz

In Deutschland konnten die Naturschützer in ausgewählten Projektgebieten Schleswig-Holsteins, Mecklenburg-Vorpommerns und Brandenburgs Wald- und Wasserflächen zum Schutz der Seeadler ankaufen. Dort wurden und werden in enger Kooperation mit Grundeigentümern, Förstern, Jägern und Naturschutzbehörden sowie vielen ehrenamtlichen Gebietsbetreuern weitreichende Schutzmaßnahmen durchgeführt. Hierzu gehören beispielsweise die Einrichtung von Horstschutzzonen und das Abschirmen ausgewiesener Gebiete gegen menschliche Störungen.

Inzwischen brüten von Jahr zu Jahr immer mehr Seeadler in Deutschland. Die Zahl der Brutpaare stieg zum Beispiel vom Jahr 2003 bis 2004 um mindestens 70 auf 470 Paare. Spitzenreiter ist das seenreiche Mecklenburg-Vorpommern mit 209 Brutpaaren. Heute leben rings um die Ostsee wieder mindestens 1900 Seeadlerpaare. Sie sind europaweit streng geschützt.

Der Fischadler

Der Fischadler *(Pandion haliaetus)* ist ein echter Wasserjäger: Etwas größer als der Mäusebussard, erinnert der elegante Flieger an eine große Möwe. Sein Körperbau ist ganz auf den Fischfang eingerichtet: Mit bis zu 80 km/h schießt der kleinste Adler Deutschlands über die Wasseroberfläche, späht mit seinen extrem scharfen Augen die Beute aus und greift sie blitzschnell aus dem Wasser. Schwimmen die Fische tiefer, taucht er ins Wasser ab. Dabei verschließen winzige Häutchen seine Nasenlöcher. Manchmal verschätzt sich der 67 cm große Vogel in der Größe seiner Beute: Ist der gefangene Fisch zu groß, droht er den Jäger in die Tiefe zu ziehen. Dann spreizt er seine Greife – und läßt den dicken Fisch wieder ins Wasser fallen. Fischadler sind, im Gegensatz zum größeren Seeadler, in Deutschland immer noch stark gefährdet. In den letzten Jahren haben sich die Bestände vor allem in Brandenburg und Mecklenburg-Vorpommern wieder leicht erholt. In Deutschland brüten heute wieder über 200 Fischadlerpaare.

Die Stockente

▲ Der blau bis violett schillernde Flügelspiegel ist vor allem im Flug sichtbar. Die kurzen, raschen Flügelschläge produzieren ein singendes Geräusch.

Die Stockente ist die bekannteste Ente und in Mitteleuropa am weitesten verbreitet. Sie kommt regelmäßig an Seen und Teichen im ländlichen Raum und sogar in Großstädten vor.

Die Stockente hat von allen Entenarten weltweit die weiteste Verbreitung: Man trifft sie fast überall in Lebensräumen mit Süßwasser an, gelegentlich auch in Küstennähe. An Parkteichen werden die Enten oft mit großem Aufwand von Menschen gefüttert. Dort haben sie einige Verhaltensweisen, die sie als Wildvögel an den Tag legen, bereits aufgegeben: So sind sie alles andere als scheu und denken gar nicht daran, vor Parkbesuchern zu fliehen; eher kommen sie noch aus dem Wasser heraus und watscheln an Land, um sich ein paar Brotstückchen zu erbetteln.

Die Stockente gehört zu den Entenarten, die in ihrer natürlichen Umgebung ihre Nahrung auf oder dicht unter der Wasseroberfläche suchen. Ihr Speiseplan zeugt von einer bemerkenswerten Anpassungsfähigkeit – je nach Lebensraum, Jahreszeit und Nahrungsangebot. Zu ihrer Lieblingsnahrung gehören auf dem Wasser schwimmende Samen, die sie aufnimmt, indem sie das Wasser mit ihrem Schnabel durchseiht. Um an Wasserpflanzen zu gelangen, gründelt die Ente. Dabei steckt sie den Kopf unter die Wasseroberfläche, dringt mit dem Oberkörper tiefer ins Wasser vor und kann so Nahrung vom Gewässerboden aufnehmen. An Land weidet sie verschiedene Uferpflanzen nach Gänseart ab. Sie verzehrt gerne frische Blätter und zarte Triebe oder gräbt mit dem Schnabel im Erdboden, um Pflanzen samt ihren Wurzeln auszureißen. Die Stockente frißt auch Insekten und deren Larven, kleinere Krebstiere sowie kleine Frösche.

SCHILLERNDE FARBEN

Wie bei allen anderen Enten ist das Männchen, der Erpel, farbenprächtiger als das Weibchen. Bei der Balz stellt er sein schillerndes Gefieder zur Schau. Zur Balzzeit scharen sich mehrere Männchen um ein

▼ Im Gegensatz zu den Tauchenten, die vor dem Abheben erst eine größere Strecke flügelschlagend über das Wasser „Anlauf nehmen", kann die Stockente direkt aus dem Wasser auffliegen.

KENNKARTE

Die Stockente ist in Mitteleuropa sehr weit verbreitet. Ihr Körper ist groß und kräftig, Kopf und Schnabel sind ziemlich lang. Männchen und Weibchen lassen sich meist am unterschiedlich gefärbten Gefieder gut unterscheiden. Nur im Spätsommer trägt das Männchen ein sogenanntes Schlichtkleid, das dem Gefieder des Weibchens entspricht.

● NAME
Deutscher Name: Stockente
Wissenschaftlicher Name: *Anas platyrhynchos*

● GRÖSSE UND GEWICHT
Länge: 50–65 cm
Gewicht: etwa 1 kg
Männchen sind größer und schwerer als Weibchen.

● MERKMALE
Männchen mit grünlichgelbem Schnabel, flaschengrünem Kopf und schmalem, weißem Halsring; Brust kastanienbraun mit violettem Schimmer, Rükkenmitte dunkel, Schwanz mit typischer „Erpellocke"; Weibchen braun gemustert; Flügelspiegel bei beiden Geschlechtern glänzend blaugrün oder blauviolett, Füße orangerot

● NEST
Flaches Nest aus Gräsern, Blättern und Reisig, mit Dunen gepolstert; direkt am Erdboden in dichter Vegetation und meist in Wassernähe, auch hoch in einer Baumhöhle

● FORTPFLANZUNG
Kann Anfang Februar beginnen; Gelege nach Anfang Juli selten; frisch aussehende Nester wurden noch Ende Oktober gefunden, vermutlich für Bruten früher im Jahr

● EIER
Oval; grünlich bis gelbbräunlich, gelegentlich bläulich, nie weiß; Gelege aus 9–13, selten 16 Eiern; hohe Fortpflanzungsrate aufgrund von Vögeln fruchtbarer Rassen, die aus Zuchtbetrieben ins Freie gelangt sind; Brutdauer 4 Wochen, Weibchen brüten allein

● JUNGE
Schlüpfen nacheinander innerhalb von 24 Stunden; Nestflüchter; das Weibchen animiert die Jungen mit lockenden Rufen, aus dem Nest zu kommen; Bodennester werden in der Regel früher verlassen als Nester in Höhlungen; mit 8 Wochen selbständig, bevor das Gefieder voll entwickelt ist

● NAHRUNG
Allesfresser; Blätter, Triebe, Samen und Wirbellose von der Gewässeroberfläche bis zum Gewässergrund; Pflanzen und Körner am Ufer

● STIMME
Weibchen: laute, absteigende, lachende Tonreihen „wääk-wäk-wäk ..."; Männchen: gedämpft, nasal, nie laut, „räb"

● VERBREITUNG
Kommt in ganz Mitteleuropa vor, auch in Siedlungen

● BESTAND
Brutpopulation Deutschlands etwa 300 000–400 000 Vögel

▲ Die Küken sind Nestflüchter und können schon bald nach dem Schlüpfen schwimmen. Die enge Bindung zur Mutter entsteht in den ersten 24 Stunden, wenn die Jungen von den Rufen des Weibchens aus dem Nest gelockt werden und ihrer Mutter sofort folgen.

Verbreitung

Landemanöver

Die Stockente ist ein guter Flieger und kann Geschwindigkeiten von mehr als 50 km/h erreichen. Die Landung erfordert daher große Geschicklichkeit.

1 Die Landung beginnt mit einer Gleitstrecke. Die Flügelspitzen werden dabei nach unten gerichtet, die Füße ausgestreckt, um die Richtung vorzugeben.

2 Je näher die Stockente dem Boden kommt, desto mehr hält sie die Flügel waagerecht.

▲ Bei schwachem Tageslicht erscheinen Kopf und Brust des Männchens schwarz. In der Sonne schillert der Kopf auffällig grün, und das satte Kastanienbraun der Brust kommt gut zur Geltung.

3 Dann drückt der Vogel die Flügel nach vorne und senkt den Schwanz ab.

4 Mit den Flügeln bremst die Stockente. Ihren Flug stabilisiert sie, indem sie schwach mit nur einem Flügel schlägt.

5 Schließlich gleitet die Ente mit nach hinten gehaltenen Flügeln nach unten und streckt die Füße vor, um den Aufprall abzufedern.

WUSSTEN SIE DAS SCHON?

Der Gattungsname der Stockente, „Anas", bedeutet soviel wie Ente. Vermutlich stammt er vom lateinischen Wortstamm „na", was schwimmen bedeutet. Die griechische Artbezeichnung *platyrhynchos* steht für „flacher Schnabel".

◀ Wenn die Stockente ruht, streckt sie häufig einen Flügel und glättet die Schwungfedern; dabei kommen Flügelspiegel und -zeichnung zur Geltung. Das Männchen stellt sich oft beim Putzen des Gefieders zur Schau, damit die Weibchen seine Schönheit bewundern können.

Weibchen und werben um dessen Aufmerksamkeit. Dabei schwimmen sie mit hochgerecktem Kopf und Schwanz hin und her, senken die Brust ins Wasser und stellen die Schwanzfedern auf. Zur Gruppenbalz gehört auch heftiges Schütteln von Schwanz und Kopf, wobei sich die Männchen oft für einen Augenblick senkrecht aus dem Wasser aufrichten. Diese Vorführungen können über 15 Minuten dauern; sie werden nur unterbrochen durch gelegentliche Rivalenkämpfe, bei denen sich die Erpel vor den Augen der Weibchen „ins rechte Licht rücken". Im weiteren Verlauf der Gruppenbalz kann es auch vorkommen, daß die Vögel das Wasser verlassen und für kurze Zeit eine Runde in der näheren Umgebung fliegen. Sobald sie wieder auf dem Wasser landen, setzen sie ihre Balzvorführungen fort.

Hat sich ein Paar gefunden, fliegt das Männchen seiner zukünftigen Partnerin voraus, während sie ihm deutlich ihre Zustimmung zeigt. Das Weibchen versucht die Aufmerksamkeit des Erpels auf mögliche Nistplätze am Ufer zu lenken und ermutigt ihn in seinen Paarungsabsichten. Auf diese Weise genießt das Weibchen den Schutz durch den „Verlobten" und behält sich dennoch gleichzeitig vor, Ausschau nach einem noch attraktiveren und stärkeren Erpel zu halten.

SCHLICHTKLEID

In ihrem Prachtkleid sind die farbenfrohen Männchen leicht von den bräunlich tarnfarbenen Weibchen zu unterscheiden.

ZUCHTENTEN

Die Stockente wurde vor über 2000 Jahren domestiziert. Von ihr stammen viele der Zuchtenten-Rassen ab. Die Vielfalt der Hausenten-Formen sorgt für große Verwirrung im Freiland: Verschiedenste Rasseenten sind den Zuchtbetrieben entkommen und kreuzen sich problemlos mit den wildlebenden Populationen der Stockente. Somit können die Küken einer Stockente mit dem typischen wildfarbenen dunkelbraun-gelblichen Gefieder schlüpfen und erst allmählich das Aussehen einer der Zuchtformen annehmen. Die meisten dieser Enten tragen jedoch ein dunkles Alterskleid mit weißen Partien auf der Brust. Bei ungewöhnlichen Enten kann die „Erpellocke" auf die ursprüngliche Verwandtschaft mit der Stockente hindeuten.

▲ Die Rouen-Ente wurde in Frankreich gezüchtet. Sie ist jedoch vier- oder fünfmal schwerer als die wildlebende Stockente.

◀ Die weiße Aylesbury-Ente aus England stammt ebenfalls von der Stockente ab, ist aber größer und schwerer als diese. Reinrassige Aylesbury-Enten sind heute selten, da sie sich oft mit anderen Formen kreuzen.

▶ Die Stockente ist ein Schwimmvogel, der in seichten Gewässern Nahrung sucht. Manchmal gründelt sie halb unter Wasser nach Wasserpflanzen und rudert heftig mit den Füßen, um sich in der Senkrechten zu halten.

6 Um das Gleichgewicht zu halten, stellt die Ente ihre Flügel kurz vor der Landung senkrecht und schlägt damit kräftig nach vorne, um nicht Kopf voran ins Wasser zu tauchen.

7 Sobald ihre Füße das Wasser berühren, senkt sie die Brust ab und zieht den Kopf nach hinten.

8 Die Ente legt die Flügel zusammen und benutzt ihre Füße als Ruder, um die Richtung beizubehalten, bevor sie zum Stillstand kommt.

9 Die Stockente schüttelt sich das Wasser aus dem Gefieder, und schon wieder ist eine Landung geglückt.

◀ **Stockenten paaren sich oft beim Schwimmen. Dabei ist das Weibchen meist mehr oder weniger untergetaucht. Die Paarung findet an mehreren Tagen hintereinander statt, bis das Gelege vollzählig ist.**

Dennoch sind nicht alle braunen Stockenten Weibchen. Wie bei allen Entenarten beginnt die Mauser der Stockente am Ende der Fortpflanzungssaison. Zu diesem Zeitpunkt verlieren die Männchen ihr schillerndes Prachtkleid und wechseln in ein unauffälliges Tarngefieder, das dem der Weibchen ähnelt. Dieses Gefieder nennt man Schlichtkleid. Jetzt unterscheiden sich die Männchen von den Weibchen und Jungvögeln nur noch durch die etwas rötlichere Brust und den großen gelblichen Schnabel, der jedoch im Gegensatz zu dem der Weibchen keinen dunklen First aufweist. Während der Mauser ist die Stockente für etwa zwei Wochen flugunfähig. Hätten die Männchen in dieser Zeit ihr auffälliges Prachtkleidgefieder, würden sie leicht Beutegreifern zum Opfer fallen.

Die Männchen spielen weder eine Rolle beim Nestbau noch bei der Bebrütung der Eier oder bei der Aufzucht der Jungen. Allein auf sich gestellt, nur geschützt durch ihr Tarnkleid, baut das Weibchen an einem ruhigen, versteckt gelegenen Ort das Nest aus Blättern, Gräsern und Dunen, die es sich aus dem Brustgefieder rupft. In naturnahen Lebensräumen befindet sich das Nest meist am Boden, oft geschützt hinter einem Baum oder Stein. Es ist perfekt getarnt vor Freßfeinden und dient der Ente bei Gefahr als sicherer Zufluchtsort. Manches Weibchen wählt einen Nistplatz in einem hohlen Baum, einer Gesteinsspalte oder sogar hoch oben auf einer alten Weide, mehr als 10 m über dem Erdboden. Aus solchen hochgelegenen Nestern stürzen sich die Küken vertrauensvoll in die Tiefe, sobald sie in den ersten 24 Stunden nach dem Schlüpfen den Lockruf ihrer Mutter vernehmen.

Eine Bleibe für die Stockente

Natürliche Nistplätze werden in der ausgeräumten Landschaft immer rarer, und so sind viele Stockenten gezwungen, auch in Menschennähe geeignete Lebensräume für sich und ihre Nachkommen zu finden. Daher brüten sie oft nahe an Städten, in

DIE STOCKENTE IM JAHRESLAUF

Januar – Februar

Im Januar sieht man häufig Stockenten bei der Gruppenbalz, ab Ende des Monats beginnen die Paare, geeignete Nistplätze zu suchen. Bei milden Temperaturen beginnt die Eiablage schon Ende Februar.

März – April

Die Weibchen brüten, während die Männchen umherschwimmen und nach neuen Eroberungen Ausschau halten. Oft rivalisieren mehrere Erpel um die Gunst einer paarungswilligen Ente.

Mai – Juni

Männchen und Weibchen trennen sich, nachdem die Ente zu brüten begonnen hat. Männchen tragen nicht zur Jungenaufzucht bei. Um verlorengegangene Bruten zu ersetzen, sind neue Gelege bis Juli möglich.

Juli – August

Die Stockenten mausern am Ende der Fortpflanzungssaison. Das Männchen wechselt in ein unauffälliges, weibchenähnliches Tarngefieder. Danach legt es für die Balz sein buntes Prachtkleid an.

September – Oktober

Die meisten freilebenden Stockenten sind Zugvögel, die in südlicheren Gegenden überwintern; doch viele der in Mitteleuropa lebenden Enten entfernen sich kaum von ihren angestammten Plätzen.

November – Dezember

Im Spätherbst beginnt die Balz der Enten. Im Winter können die Bewegungen zahlreicher Enten das Zufrieren kleiner Teile eines Sees verhindern, selbst wenn die restliche Wasseroberfläche gefroren ist.

▲ **Beim Brüten verharrt die Ente reglos und ist so dank ihres Gefieders ausgezeichnet getarnt. Sonst wäre sie mit ihrem Nachwuchs ein willkommenes Mahl für zahlreiche Beutegreifer.**

Gegenden mit dichter Vegetation, die Schutz bietet vor Störung durch Menschen; sie müssen dort aber auch auf der Hut sein vor ihren eigentlichen Feinden, etwa Füchsen.

Die Jungenten sind gute Schwimmer und suchen gleich nach Verlassen des Nestes selbständig nach Nahrung. Erwachsen zu werden ist jedoch keine leichte Aufgabe, und so bleiben die verletzlichen Jungenten noch etwa 5–6 Wochen in der Nähe der Mutter. Für Katzen, Hunde, Füchse, Ratten, Marder oder Hechte sind sie eine willkommene Beute. Bei einer Bedrohung nimmt das Weibchen lautstark Reißaus, während die Jungen in alle Richtungen flüchten oder sogar abtauchen.

Schlechte Wetterbedingungen können für das Überleben der Jungen ebenso zum Problem werden wie die Belastungen durch Umweltverschmutzung. Trotz allem gibt es zahlreiche Gelege, und der Bruterfolg der Stockenten ist meist recht hoch. Ihre Zahl wächst sogar lokal. Es würde reichen, wenn im Durchschnitt pro Paar zwei Junge heranwachsen, damit der Fortbestand der Art gesichert ist.

▶ **Die Ente baut ein gut getarntes Nest aus Material, das sie in der näheren Umgebung gesammelt hat. Verläßt sie zur Nahrungssuche das Nest, verbirgt sie die Eier unter einer Schicht Dunen.**

DIE NATUR BEOBACHTEN

WO KANN MAN STOCKENTEN FINDEN?

- In Deutschland ist sie die am leichtesten zu beobachtende Entenart, da sie fast ganzjährig an beinahe allen Seen und Teichen anzutreffen ist.
- Wenn Sie sich mit Stockenten vertraut machen möchten, besuchen Sie am besten einen Teich in einem öffentlichen Park in Ihrer Nähe.
- Schwieriger zu entdecken ist die Stockente im Sommer während der Mauser. Da die Enten dann für einige Zeit nicht fliegen können, halten sie sich meist verborgen.
- Im Winter sieht man Stockenten oft in großen Scharen auf Stauseen. Wenn viele Süßwasserflächen zugefroren sind, trifft man sie auch auf dem Meer.

▼ **Das Weibchen beginnt erst zu brüten, wenn alle Eier gelegt sind, damit die Jungen in möglichst geringen Abständen nacheinander schlüpfen. Bereits nach kurzer Zeit folgt die ganze Schar der Mutter an Land und auf dem Wasser.**

Prachtvoller Eisvogel

Der Eisvogel ist ein geschickter Stoßtaucher und Fischjäger. Er wird viel gepriesen für seine Schönheit und fand daher Eingang in viele Kunstwerke und Mythen. Doch trotz seines auffällig schillernden Gefieders ist der Eisvogel nicht so leicht zu beobachten.

▲ Wenn der Eisvogel nach einem Tauchstoß, bei dem er vollständig untertaucht, wieder seinem Ansitz zustrebt, muß er zunächst das anhaftende Wasser mit einigen energischen Bewegungen abschütteln.

Pfeilschnell fliegt er dicht über der Wasserfläche dahin und ist schon kurze Zeit später unseren Blicken entschwunden. Und doch kann man sich glücklich schätzen, daß man ihn überhaupt entdeckt hat – den Eisvogel. Häufig bekommt man von seiner Anwesenheit nur etwas mit, wenn man seinen durchdringenden, hohen „tjiiht"-Ruf hört. Der still am Ufer auf einem Zweig sitzende oder direkt über das Wasser fliegende Vogel ist trotz des auffälligen Gefieders erstaunlich unauffällig.

Ohne zu übertreiben kann man den Eisvogel als farbenprächtigsten Vogel unseres Landes bezeichnen. Die außergewöhnlichen Blau- und Türkistöne der Flügel, des Rückens und des Kopfes variieren je nach Lichteinfall – ein prächtiger Anblick. Bei wenig Licht wirkt er dagegen dunkel und dadurch getarnt. Erspäht man den Eisvogel in vollem Flug, sieht man einen Streifen helleren Blaus, der vom Vorderrücken bis zur Schwanzspitze zieht.

Perfekte Tarnung

Aus der Nähe betrachtet schillert das Gefieder des Eisvogels bunt. In seinem natürlichen Lebensraum bietet ihm sein Federkleid jedoch perfekte Tarnung. Es ist unterseits dunkel rostbraun, was den ruhig am Wasser sitzenden Vogel manchmal beinahe unsichtbar macht, besonders wenn er sich an einem Fluß mit schlammigem oder sandigem Ufer aufhält; meist sitzt er auf einem Ast oder einer anderen niedrigen Warte. Das glänzende Blaugrün auf der Gefiederoberseite mischt sich hingegen mit den Farbreflexionen des Wassers.

Auch durch sein Verhalten verrät der Eisvogel seine Anwesenheit nicht, denn er sitzt oft reglos auf einem Ansitz direkt über dem Wasser und wartet auf einen günstigen Moment zum Tauchstoß. Gelegentlich bewegt er Kopf oder Schwanz. Ist der Ansitz nicht erfolgversprechend, fliegt er plötzlich

KENNKARTE

Der kleine, kräftig gebaute, kurzschwänzige Eisvogel besitzt einen ungewöhnlich langen Schnabel. Er ist zudem auffallend bunt – das Gefieder glänzt oberseits smaragdfarben, unten ist es rostorange, die kleinen Füße sind rot. Schnell und geradlinig fliegt er knapp über dem Wasser oder das dichtbewachsene Flußufer. Auf einer Ansitzwarte lauert er auf Beutetiere.

● NAME
Deutscher Name: Eisvogel
Wissenschaftlicher Name:
Alcedo atthis

● GRÖSSE UND GEWICHT
Länge: 16–17 cm, davon ungefähr 4 cm Schnabel
Gewicht: 35–40 g

● MERKMALE
Gefieder oberseits blaugrün schillernd, unterseits rostorange, Kopfseiten orange, blau und weiß; Füße leuchtendrot; langer Schnabel

● NEST
6–7 rundliche Eier, in einer Nistkammer am Ende eines rund 1 m langen Tunnels; gräbt seine Brutröhre meist direkt über der Wasseroberfläche in lehmige Steilufer von Flüssen

● NAHRUNG
Kleine Fische, erbeutet gelegentlich Kaulquappen und Wasserinsekten; Ansitz meist auf einer Warte direkt über dem Wasser

● STIMME
Hoher, oft mehrfach wiederholter „tjiiht"-Ruf, im Frühjahr und Herbst ein durchdringendes, aggressives „chri-ti-tit", um Eindringlinge zu verjagen

● FORTPFLANZUNG
6–8 Eier, Eiablage zwischen April und Juli, Brutdauer 20 Tage; ein Paar kann 2–3 Bruten pro Jahr großziehen.

● JUNGE
Sind innerhalb von 10 Tagen voll befiedert (Jugendkleid) und rund 25 Tage nach dem Schlüpfen flugfähig

● LEBENSRAUM
Saubere Weiher und Seen, langsam fließende Flüsse mit Steilufern, die sich für die Anlage der Niströhre eignen; im Winter hin und wieder an geschützten Küstenabschnitten

● VERBREITUNG
Im Binnenland Mitteleuropas lückenhaft verbreitet und meist selten, fehlt in höheren Gebirgslagen völlig; die Artgenossen Nordeuropas sind Zugvögel, einige davon verbringen den Winter bis Februar/März in Mitteleuropa.

Das Eisvogel-Weibchen ist an der rötlichen Basis des Unterschnabels erkennbar. Der Schnabel des Männchens ist ganz schwarz.

Trotz seiner schillernden Farbenpracht ist der Eisvogel oft erstaunlich gut getarnt, vor allem von oben betrachtet. Das Blau und Türkis des Gefieders mischt sich mit den farbigen Lichtreflexen auf dem Wasser.

Bei den adulten Vögeln sind die Füße rot, die Jungvögel haben graurosa Füße.

Der Eisvogel in Deutschland

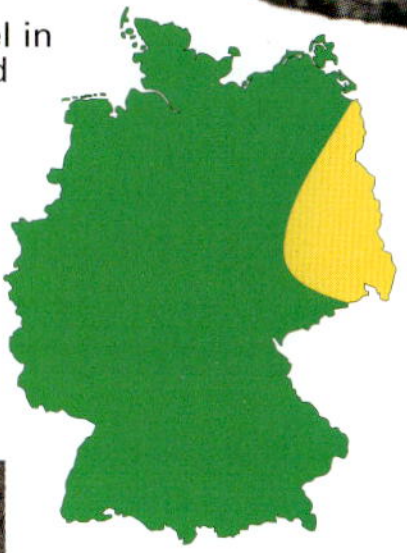

Verbreitung
- Das ganze Jahr anwesend
- Zur Brutzeit anwesend

▼ Die Jungen verbringen die ersten Wochen in der Höhle, die in einer Böschung oder im Steilufer liegt. Sie ist später durch den Kot der Jungen und Nahrungsreste stark verschmutzt. Die Jungvögel fliegen aus, sobald ihr Gefieder voll entwickelt ist. Im nächsten Jahr wird meist eine neue Brutröhre gegraben.

GESCHÜTZTE ART!

Gewässerverschmutzung, Uferverbauung und direkte Verfolgung haben den Eisvogel selten werden lassen. Heute ist er bei uns gesetzlich geschützt, so daß jede Störung strafbar ist.

Das Balzritual der Eisvögel

Gleich nach dem Nestbau bietet das Männchen dem Weibchen einen Fisch als Geschenk an – ein wichtiger Bestandteil des Balzrituals. Dadurch demonstriert das Männchen, daß es die zukünftige Familie ernähren kann. Außerdem wird die Paarbindung auf diese Weise gestärkt, und das Weibchen erhält zusätzliche Nährstoffe, die es für das Heranreifen der Eier benötigt.

Das fütternde Männchen (links) überreicht dem Weibchen vor der Paarung einen Fisch. Eisvögel verschlucken Fische Kopf voran, damit sich die Schuppen in der Speiseröhre nicht quer stellen.

Schnappt das Weibchen nach der Beute, übergibt sie das Männchen nicht sofort, sondern zieht den Fisch mehrmals wieder zurück – als wolle es die Partnerin necken. Vor der Paarung bewegen beide Vögel ihre Köpfe auf und ab und kreuzen die Schnäbel.

auf – meist eine kurze Strecke tief und geradlinig, bevor er wieder im Gewirr von Zweigen der Ufervegetation verschwindet.

In höheren Berglagen und an der Küste ist der Eisvogel kaum zu Hause, sonst ist die Art in Mitteleuropa ziemlich weit verbreitet. Meist trifft man die Vögel jedoch nur in Lebensräumen mit besonders naturnahen Gewässern an; dort leben die Eisvögel an langsam fließenden Flüssen oder fischreichen Seen, Weihern und Teichen. In günstigen Lebensräumen sind Eisvögel ganzjährig anzutreffen, nur in besonders strengen Wintern ziehen sie in wärmere Gegenden, z. B. in Mündungsgebiete.

Nistplatzsuche

Die Fortpflanzungssaison beginnt bereits im Februar, wenn die Vögel mit der Balz beginnen. Zu den Balzritualen gehören Verbeugungen und rasante Verfolgungsjagden der Paarpartner. Nicht selten überreicht das Männchen dem Weibchen auch einen Fisch als „Brautgeschenk“, um der Auserwählten seine Eignung als Ernährer der künftigen Familie zu demonstrieren.

Im zeitigen Frühjahr fliegen die Paare immer wieder geeignete Stellen für die Anlage einer Niströhre an – oft ein lehmiger oder toniger Bereich in einer Steilwand direkt über dem Wasser. Dort ist die Brut für Beutegreifer wie Hermelin, Mauswiesel oder Wanderratte unerreichbar. Bei sinkendem Wasserspiegel sind Nest und Brut häufig vor Freßfeinden nicht mehr sicher, bei Hochwasser ertrinkt nicht selten die gesamte Brut. Zur Anlage der Niströhre setzen Männchen und Weibchen ihren Körper ein: Sie fliegen immer wieder an eine bestimmte Stelle in der Uferböschung und hacken dort die Erde los. Mit dem Schnabel graben sie das Substrat auf und scharren den Aushub mit den Füßen nach hinten.

Die Nesthöhle ist rund 1 m lang, verläuft ungefähr senkrecht, aber etwas ansteigend zur Uferwand und weist am Ende eine Erweiterung auf – die Nestkammer. Dort hinein legt das Weibchen, meist zwischen April und Juli, die weißlich rosafarbenen Eier. Eine bewohnte Niströhre läßt sich an Exkrementen und Nahrungsabfällen wie Fischschuppen am oder unterhalb des Höhleneingangs erkennen. Die Altvögel bringen Fische herbei, die von den Jungvögeln Kopf voran verschlungen werden.

Viele Schnäbel sind zu stopfen

Beim Schlüpfen sind die Jungen nackt und blind, sie werden von den Eltern zunächst mit winzigen Fischchen gefüttert. Mit etwa zehn Tagen öffnen sich die Augen, zu diesem Zeitpunkt sprießen auch die ersten Federn. Die Kleinen können jetzt größere Beutefische schlucken und betteln ständig um Nachschub. Das Nest ist zu diesem Zeitpunkt bereits durch die Exkremente der Jungvögel und durch unverdauliche Nahrungsreste wie Fischgräten und -schuppen stark verschmutzt. Bei einer Brut mit sieben Jungen, von denen jedes problemlos 15 Fische pro Tag verzehrt, müssen die Eltern hart arbeiten!

Sobald ihr Gefieder vollständig entwickelt ist, verlassen die Jungen das Nest; sie bleiben aber noch in dessen Nähe und werden weiterhin von den Altvögeln gefüttert, bis sie in der Lage sind, selbst Fische

◄ **Ein Eisvogel kehrt mit einem Beutefisch zur Bruthöhle zurück. Für jede Brut graben die Altvögel eine neue Niströhre, die schon bald mit Fischgräten, -schuppen und vor allem Kot des Nachwuchses verschmutzt ist. Die Jungen spritzen ihren flüssigen Kot in Richtung Licht – zum Eingang, der tiefer liegt als die Brutkammer. Es besteht also ein leichtes Gefälle im Tunnel, so daß die Exkremente abfließen und die Nahrungsabfälle sich am Eingang anhäufen können. Der Kot hinterläßt am Eingang eine typische weiße Spur, die dem Kundigen eine besetzte Höhle anzeigt.**

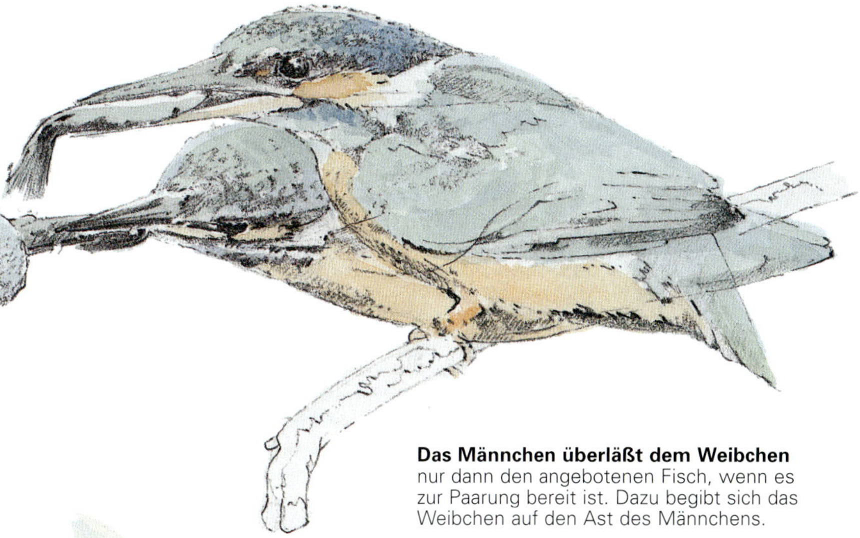

Das Männchen überläßt dem Weibchen nur dann den angebotenen Fisch, wenn es zur Paarung bereit ist. Dazu begibt sich das Weibchen auf den Ast des Männchens.

Das Weibchen wendet dem Männchen den Rücken zu und nimmt eine waagerechte Haltung ein. Daraufhin besteigt das Männchen den Rücken der Partnerin und schlägt mit den Flügeln, um das Gleichgewicht zu halten. Zusätzlich hält es sich mit dem Schnabel am Kopf des Weibchens fest.

zu fangen. Die Eltern dulden sie zu diesem Zeitpunkt immer weniger in ihrer Nähe und weisen sie mit Drohgebärden zurück. Bald ist der Augenblick gekommen, an dem sich die Jungen ein eigenes Revier suchen und es verteidigen müssen. Oft liegt es mehrere Kilometer von ihrer Geburtsstätte entfernt.

Erwachsene Eisvögel sind extrem einzelgängerisch, und jedes Paar verteidigt sein Brutterritorium vehement gegen fremde Artgenossen.

LIEBLINGSNAHRUNG

Der Eisvogel ernährt sich hauptsächlich von kleinen Fischen (darunter Junge von größeren Fischarten), daneben erbeutet er auch kleine Wasserinsekten und deren Larven. In manchen Gebieten können Insekten bis zu 20 % seiner Nahrung ausmachen. Obwohl er sich gelegentlich eine junge Zuchtforelle oder gar einen Gold-

▲ Bei der Ansitzjagd verharrt der Eisvogel reglos auf einem Ast etwa 1 m über der Wasseroberfläche. Hat er ein Beutetier erspäht, spannt er seinen Körper, legt das Gefieder an, neigt sich etwas nach unten und schätzt Winkel und Richtung seines Tauchstoßes ab.

▲ Dann stößt der Vogel rasant im 45°-Winkel ins Wasser. Hat das Opfer seinen Standort gewechselt, verläßt der Eisvogel zunächst seine Warte und fliegt kurz über dem Wasser, um dann zuzustoßen. Beim Eintauchen dient ihm der Schwanz als Steuerhilfe.

fisch aus einem Gartenteich schnappt, steht der Verlust in keinem Verhältnis zum außergewöhnlichen Erlebnis, diesen wunderschönen Vogel beobachten zu können.

Zur Fischjagd stellt er sich auf eine höhere Warte, etwa einen Ast über dem Wasser, und wartet, bis ein Beutetier passender Größe vorbeischwimmt. Findet er keinen geeigneten Ansitz, fliegt der Eisvogel langsam über dem Wasser und rüttelt an einer erfolgversprechenden Stelle, bevor er zum Tauchstoß ansetzt.

Viel Zeit verbringen Eisvögel mit dem Reinigen und Einfetten ihres Gefieders, denn nur ein voll funktionsfähiges Federkleid schützt sie vor Durchnässung nach den Tauchgängen.

Fischer gegen Eisvogel

Regelmäßige Erhebungen belegen, daß die Bestände des Eisvogels in sehr kalten Wintern stark reduziert werden, so daß die Art gebietsweise für ein paar Jahre völlig verschwinden kann. Hitze und Trockenheit führen ebenfalls zu einem Rückgang der Bestände, weil sich dann die Konzentration von Umweltgiften in den Flüssen durch den niedrigen Wasserstand erhöht. In Deutschland spielen neben Kältewintern vor allem die ökologische Verarmung der Flußlandschaften, aber auch Störung durch Freizeitbetrieb sowie Nachstellungen von Fischzüchtern und Anglern eine bedeutende Rolle. In naturnahen Lebensräumen kann der Eisvogel dank der hohen Fortpflanzungsrate mit oft sechs oder sieben Jungen pro Gelege und mehreren Bruten in günstigen Jahren Bestandsverluste rasch wieder ausgleichen.

Früher wurde der Eisvogel von vielen Fischern und Teichwirten gnadenlos verfolgt – heute ist die Art bei uns gesetzlich geschützt, was seinem Fortbestand zugute kommt. Er ist außerdem kein großer Konkurrent für menschliche Fischnutzer, da er nur kleine Fische fängt. Trotzdem wird er leider auch heute noch verfolgt.

Eine starke Bedrohung für die Eisvogelbestände stellt die Beeinträchtigung ihres Lebensraums durch Landschaftszerstörung und Wasserverschmutzung dar. Flußbegradigung und Uferverbauung führen zum Rückgang der natürlichen Vegetation sowie von geeigneten Brutplätzen und Beutetieren. Umweltverschmutzung verringert die Häufigkeit und Vielfalt der Nahrungstiere. Zudem leidet der Eisvogel unter der Vergiftung durch Pestizide in der Landwirtschaft.

Der Eisvogel ist, wie der Fischotter, ein biologischer Indikator für die Wasserqualität von Flüssen und Seen. Jede Form von Umweltverschmutzung wirkt sich auf die Bestandssituation des Eisvogels negativ aus. In vielen Gegenden ist er aufgrund der Umweltbeeinträchtigungen bereits verschwunden. Die Qualität mancher Gebiete hat sich hingegen deutlich verbessert, die Gewässer sind durch strengere Umweltauflagen wieder viel sauberer geworden, so daß der Eisvogel dort wieder heimisch werden konnte.

DIE NATUR BEOBACHTEN

WO KANN MAN EISVÖGEL SEHEN?

- Eisvögel kann man in weiten Teilen Mitteleuropas in geeigneten Lebensräumen, also an sauberen Flüssen und Seen, beobachten. Sie fehlen in höheren Gebirgslagen sowie in den Sommermonaten an der Meeresküste.

- Sie bevorzugen Uferböschungen von Flüssen mit dichtem Bewuchs, man trifft sie aber auch an naturnahen Weihern und Seen an. Bei großer Kälte sieht man sie manchmal in Mündungs- und Küstengebieten.

- Um Eisvögel zu sehen, wählen Sie am besten die frühen Morgenstunden, vermeiden vielbegangene Spazierwege und die Anwesenheit von Hunden, denn Eisvögel sind scheu und geräuschempfindlich.

- Wenn Sie mit einem Fernglas über dem Wasser hängende Äste absuchen, können Sie vielleicht einen Eisvogel entdecken, ohne ihn zu stören. Nähern Sie sich dann langsam und geräuschlos an, denn der Vogel fliegt bei der geringsten Beunruhigung davon.

- Wenn Sie den typischen Flugruf hören, warten Sie an Ort und Stelle, denn nicht selten ist der Eisvogel auf dem Weg von oder zu den Fischgründen und kommt bald wieder zurück.

▲ Unter Wasser packt der Eisvogel seine Beute mit geschlossenen Augen. Dann taucht er auf, fliegt senkrecht hoch und schüttelt sich kurz. Danach fliegt er zu einem Ast und schlägt den Fisch mehrfach gegen die Unterlage, bevor er ihn Kopf voran verschlingt. Will er den Fisch an seine Jungen verfüttern, legt er ihn so in seinem Schnabel zurecht, daß der Kopf nach vorne zeigt.

▶ In sauberen und fischreichen Gewässern fängt ein erwachsener und erfahrener Eisvogel bei jedem zweiten bis fünften Tauchstoß einen Fisch. Die Jungvögel folgen zwar ihrem Tauchinstinkt, machen aber anfangs noch sehr viele Fehlstöße. Sie müssen erst lernen, Geschwindigkeit, Stoßwinkel und Lichtbrechung zwischen Luft und Wasser richtig einzuschätzen, bevor sie erfolgreiche Fischjäger werden.

Altwasser in einem
Auwald am Rhein

Zarte Schönheit – eine Eintagsfliege

UNGEWÖHNLICHE WIRBELLOSE

Weichtiere, Würmer, Krebstiere, Wasserinsekten und Larven von Fluginsekten: Vom winzigen Wasserfloh bis hin zum Flußkrebs – saubere Gewässer sind voller Leben.

Rasante Libellen

Mit ihrer im Sonnenlicht glitzernden Farbenpracht und ihren spektakulären Flugkünsten bezaubern uns die pfeilschnellen Libellen sowohl in freier Natur als auch in unseren Gärten. Nur die wenigsten von uns wissen, daß sie große Jäger sind.

▲ **Eine frisch geschlüpfte Blaugrüne Mosaikjungfer: Die Außenhülle der Nymphe, die sogenannte Exuvie, bleibt am Stengel der Wasserpflanze hängen.**

◀ **Die großen Facettenaugen einer Libelle setzen sich aus Tausenden winziger, sechseckiger Einzelaugen zusammen. Sie können kleinste Bewegungen wahrnehmen.**

Libellen sind beutegreifende Insekten, sie fangen kleine Fluginsekten und verzehren kleinere Beutetiere sogar im Flug. Libellen sind erstaunlich gut für die Flugjagd ausgerüstet. Die langen Flügel, von den Muskeln der kräftigen Brust (Thorax) angetrieben, ermöglichen einen rasanten und sehr wendigen Flug. Der Kopf der Libelle besteht größtenteils aus zwei „übergroßen" Komplexaugen, die dem Insekt einen Rundumblick von fast 360° ermöglichen – wer schon einmal versucht hat, eine Libelle zu fangen, könnte meinen, daß sie auch hinten Augen hat. Die Libellen verfügen auch über ein Paar kräftige, scharfe Mundwerkzeuge, mit denen sie ihre Beutetiere festhalten und zerteilen. Ihre langen Beine sind nach hinten gekrümmt und formen eine Art Korb, in dem die Beute gefangen wird. Sie ernähren sich von Insekten jeglicher Art, auch von anderen Libellen. Unter den Insekten sind auch „schädliche" Arten, weshalb Libellen bei Gärtnern stets willkommen sind. Nur wenigen Vögeln gelingt es, Libellen zu fangen. Dazu zählen beispielsweise Schwalben, Mauersegler und Baumfalken.

Der Körper der Libellen ist meist metallisch blau, grün oder rötlich gefärbt mit schwarzer Zeichnung. Viele Menschen haben Angst vor Libellen. Dabei haben diese Insekten keinen Stechapparat.

GEJAGTE JÄGER

Auch wenn man Libellen manchmal recht weit entfernt von einem Gewässer antrifft, verbringen diese Insekten die meiste Zeit ihres Lebens am und im Wasser. Dort finden auch die ersten Phasen ihrer Entwicklung statt. Die Eier werden auf Pflanzen oder im Schlamm unterhalb der Wasseroberfläche abgelegt. Die geschlüpften Larven (Nymphen) sind an ein Leben unter Wasser bestens angepaßt. Sie sind ebenfalls Beutegreifer und machen Jagd auf Wasserinsekten, Schnecken und Würmer. Die Nymphen der Großlibellen jagen Kaulquappen und kleinere Fische, wohingegen die Larven der Kleinlibellen kleinere Wassertiere wie Daphnien fressen. Zur Jagd legen sie sich auf die Lauer, schleichen sich vorsichtig heran und stürzen sich vehement auf die Beute. Dabei schleudern sie ihre bewegliche Unterlippe, die sogenannte Fangmaske, blitzschnell nach vorne und packen das Opfer. Die Nymphen werden nicht selten zur Beute von Fischen, Molchen oder sogar Drosseln, die im seichten Wasser auf Nahrungssuche gehen.

SO UNTERSCHEIDEN SIE ANISOPTERA VON ZYGOPTERA

Libellen werden nach ihrem Flugverhalten in zwei Unterordnungen eingeteilt. Die größeren Arten gehören zu den Großlibellen (Anisoptera). Reglos verharren sie in Wassernähe und stürzen sich auf vorbeikommende Insekten. Mit 7–8 cm Länge und 10 cm Flügelspannweite zählt die Große Königslibelle zu den größten einheimischen Großlibellen. Die zweite Gruppe, die Kleinlibellen (Zygoptera), halten meist über dem Wasser nach Beute Ausschau. Ihre Flügel sind geringfügig kleiner, der Körper ist wesentlich schmaler als bei den Großlibellen. Letztere zeichnen sich durch schnellen, kraftvollen Flug aus. Im Ruhezustand sind ihre Flügel ausgebreitet. Kleinlibellen fliegen weniger rasant, außerdem falten sie ihre Flügel in Ruhehaltung über dem Körper zusammen.

▶ **Diese unvorsichtige Steinfliege ist einer Kleinlibelle zum Opfer gefallen. Die im Wasser lebenden Larven dieser Insekten werden gerne von den Nymphen vieler Groß- und Kleinlibellenarten gefressen.**

VON DER EIABLAGE ZUM RASANTEN FLUGKÜNSTLER

▲ **Paarung der Becher-Azurjungfer: Das Männchen packt das Weibchen am Hinterkopf, dieses krümmt seinen Hinterleib nach vorne zum Kopulationsapparat des Männchens, der sich am 2. Hinterleibsring befindet.**

Das Paarungsritual der Libellen ist recht raffiniert: Mit Hilfe eines zangenartigen Organs am äußersten Ende seines Hinterleibs ergreift das Männchen das Weibchen hinter dem Kopf. Die Insekten begeben sich so auf einen Tandemflug, an dessen Ende das Weibchen zur Eiablage ins Wasser eintaucht. Dieses Ereignis mitten im Sommer ist eine gute Gelegenheit, die Verhaltensweisen der Libellen aus der Nähe zu beobachten.

Ist die Libellennymphe zum Schlüpfen bereit, verläßt sie das Wasser und hängt sich an einen Pflanzenstengel. Die Larvenhülle reißt auf, und das fertige Insekt kriecht daraus hervor. Die junge Libelle verharrt eine Zeitlang reglos, damit die Flügel trocknen können; während dieser Zeit ist sie ganz besonders verwundbar. Aus diesem Grund und wegen der hohen Luftfeuchtigkeit findet das Schlüpfen meist zu Sonnenauf- oder Sonnenuntergang statt. Um dieses Ereignis an einem Gartenteich miterleben zu können, muß man also entweder sehr früh aufstehen oder spät ins Bett gehen.

Dieses Königslibellen-Weibchen legt seine Eier in winzige Eintiefungen auf den Blättern von Wasserpflanzen ab.

◀ **Die Larven sind echte Jäger und greifen sogar Tiere an, die so groß sind wie sie selbst, beispielsweise diese kleine Elritze.**

▶ **Die fertige Libelle schlüpft aus der Nymphenhülle, der Exuvie – knapp über dem Wasser eines Weihers, in dem die Larve mehr als zwei Jahre gelebt hat.**

SO LOCKEN SIE LIBELLEN IN IHREN GARTEN

Man muß nicht unbedingt einen großen Gartenteich besitzen, um Libellen daheim beobachten zu können, doch fortpflanzen können sie sich nur im Wasser. Ideal wäre ein Tümpel mit zahlreichen Ufer- und Wasserpflanzen, in dem sich keine Goldfische befinden – diese würden nämlich die Nymphen der Libellen erbeuten. Wichtig sind aus dem Wasser ragende Pflanzenteile, die den schlupfbereiten Nymphen helfen, ihr Element zu verlassen. Verschiedene Wasser- und Uferpflanzen sind Voraussetzung, um die Verwandlung einer Nymphe zur fertigen Libelle mitzuerleben. Ein geschützt angelegter Teich zieht Libellen magisch an, vorausgesetzt, er liegt nicht zu sehr im Schatten. Das Wasser muß absolut sauber, das heißt frei von verwesenden Pflanzenteilen sowie von Insektenvertilgungs- und Pflanzenschutzmitteln sein. Sehr kleine Tümpel locken sicher nicht allzuviele Großlibellen an, Kleinlibellen werden sich dort jedoch einfinden.

▶ **Die Große Heidelibelle kommt bei uns in Deutschland fast ausschließlich im Süden und im Westen vor.**

TEUFLISCHER RUF

Für Libellen findet man so unschöne Bezeichnungen wie „Teufelsnadel" oder „Pferdestecher". Der Begriff „Pferdestecher" stammt vermutlich aus früheren Zeiten, als Libellen oft hinter Pferden herflogen, um Fliegen zu jagen.

◀ **Das Männchen der Gebänderten Prachtlibelle trägt große dunkle Flügelflecken.**

Große Königslibelle, eine der
größten Libellen Mitteleuropas

Die Eintagsfliegen

Wie ihr Name vermuten läßt, ist das Leben der erwachsenen Eintagsfliege kurz – wenn auch intensiv. Oft endet es im Rachen eines Fisches oder einer Fledermaus, nicht selten auch im Schnabel eines Vogels. Ihre Larven entwickeln sich im Wasser.

Eintagsfliegen gehören zur Insektenordnung *Ephemeroptera*. Der Name kommt aus dem Griechischen und setzt sich zusammen aus „ephemerios" (einen Tag lebend) und „pteron" (Flügel). Das Leben der erwachsenen Eintagsfliegen ist von sehr kurzer Dauer, je nach Art von wenigen Stunden bis zu einer Woche. Die Insekten legen ihre Eier auf Flüssen oder anderen klaren Wasserflächen ab. Nach einiger Zeit schlüpfen die Larven und durchlaufen mehrere Entwicklungsstadien. Alles, was das erwachsene Insekt für sein kurzes Leben an Nahrung benötigt, muß die Larve verzehren, denn mit seinen verkümmerten Mundwerkzeugen kann das Vollinsekt nichts zu sich nehmen.

Lebenszyklus der Eintagsfliegen

Er beginnt am Anfang der warmen Jahreszeit mit der Ablage der Eier auf der Wasseroberfläche. Sie sinken langsam in die Tiefe. Nach einigen Tagen schlüpfen die winzigen Larven. Manche schwimmen, andere kriechen über den Grund, wieder andere graben sich im Schlamm ein. Doch auch die grabenden Formen können Opfer von Beutegreifern werden, denn Fische wie Karpfen oder Barben durchwühlen den Boden eines Gewässers nach Wirbellosen, und Wasservögel wie Tauchenten machen häufig Jagd auf die Larven. Da nicht viel Wasser in den Schlamm eindringt, müssen sich die dort lebenden Larven ständig sauerstoffreiches Wasser durch Fächelbewegungen der Tracheenkiemen zuführen, damit sie nicht ersticken.

In Gewässern mit viel Schlamm muß die Larve ihren Wohnbereich besonders sauberhalten. Dieser Lebensraum bringt den Larven Vorteile, denn sie sind dort gut getarnt und von reichhaltiger Nahrung umgeben, beispielsweise von Algen, verwesenden Pflanzenteilen, Überresten von Tieren, Mikropilzen sowie Bakterien, die wiederum von den Pilzen leben. Die Larven nehmen das Sediment auf und extrahieren daraus die Nährstoffe, die sie für ihre Entwicklung benötigen. Diese dauert im Durchschnitt zwei Jahre, in denen sie zu großen, weißen oder gelben Nymphen heranwachsen. Unter günstigen Bedin-

▶ In Ruhestellung klappt die Eintagsfliege ihre Flügel senkrecht über dem Rücken zusammen. Trotz der relativ großen Flügel sind die Flugkünste des Insekts bescheiden.

▲ Bei den meisten Larven befinden sich am Körperende drei Hinterleibsanhänge. Die beiden äußeren werden als Cerci, der mittlere als Mittelfaden oder Terminalfilum bezeichnet.

EINTAGSFLIEGEN-ARTEN

Die Larven der Eintagsfliegen und die erwachsenen Kerfe, die an oder auf dem Wasser leben, sind Nahrung für Süßwasserfische (Forellen) oder Vögel (Fliegenschnäpper und Stelzen). Die bekanntesten Eintagsfliegen gehören zur Familie der *Ephemeridae*, zu denen die Arten *Ephemera danica* (Große Eintagsfliege), *Ephemera vulgata* (Gemeine Eintagsfliege) und *Ephemera lineata* gehören. Ihre Larven leben im sandigen oder schlammigen Sediment von Seen und langsam fließenden Flüssen. Andere Arten gehören zur Gattung *Baetis* oder *Centroptilum*, deren Larven eher in schnell fließenden Gewässern vorkommen. Die Larven der Art *Ephemerella ignita* und der Arten der Gattung *Caenis* leben hingegen im schlammigen Gewässergrund.

◀ Die Entwicklung der Larven im Wasser dauert etwa zwei Jahre. Sie ernähren sich von organischem Material aus dem Sediment, etwa von lebenden oder toten Algen.

▼ Für Tauchenten und andere Wasservögel sind die Larven der Eintagsfliegen wichtige Proteinspender.

gungen kann ein Quadratmeter Gewässerboden von mehreren hundert Eintagsfliegen-Larven besiedelt sein.

Die Entwicklung der Larven hängt von Wassertemperatur und Tageslänge ab. Diese Faktoren bestimmen den Zeitpunkt der Umwandlung zum erwachsenen Insekt, der Metamorphose, die bei allen Larven einer Art etwa gleichzeitig stattfindet. Zum Schlüpfen steigen die Larven an die Wasseroberfläche hoch. Danach warten sie ab, bis ihre Flügel getrocknet und somit ausgehärtet sind. Zu dieser Zeit werden sie häufig zur Beute der unterschiedlichsten Freßfeinde.

Das gerade geschlüpfte, zarte, aber bereits voll geflügelte Insekt (Subimago) häutet sich innerhalb einiger Stunden ein paarmal und verwandelt sich schließlich zum Vollinsekt (Imago). Schwärme von männlichen Eintagsfliegen erheben sich in die Luft und fliegen gegen den Wind. Sie tänzeln in den Strahlen der Frühlingssonne und werben um die Weibchen, damit diese mit ihnen die Paarung vollziehen. Nach der Begattung lassen sich die Paare fallen. Die Weibchen ziehen sich in die Ufervegetation zurück und warten, bis die Eier in ihrem Körper befruchtet sind. Danach fliegen sie auf die Wasseroberfläche und legen dort die Eier ab. Bald nach der Paarung sterben die Insekten.

Eintagsfliegen dienen Anglern als Modell für künstliche Köder, z. B. für die Jagd auf Forellen. Auch viele Vögel schätzen sie als Leckerbissen, ebenso Fledermäuse, die erwachsene Eintagsfliegen oder aufsteigende Larven dicht über dem Wasser erbeuten. In Zoogeschäften bekommt man die getrockneten Insekten als Fisch- und Vogelfutter („Weißwurm“) zu kaufen.

DIE NATUR BEOBACHTEN

WO FINDET MAN EINTAGSFLIEGEN?

- Larven: Waten Sie, mit Gummistiefeln und einem feinmaschigen Netz ausgerüstet, durch einen Bach mit reichlich schlammigem, aber auch mit kiesigem Grund. Halten Sie das Netz an den Boden und schieben Sie mit den Stiefeln Schlamm hinein. Mit dem weichen Substrat nehmen Sie auch verschiedene Wirbellose auf. Schütten Sie jetzt den Inhalt des Netzes auf einen weißen Teller und geben Sie ein wenig klares Wasser dazu. Die Larven der Eintagsfliege sind groß und von heller Farbe, an beiden Seiten des Hinterleibs befinden sich Tracheenkiemen. Haben Sie viele Larven gefangen, werden Sie Größenunterschiede entdecken, je nach Entwicklungsstadium oder Geschlecht.
- Erwachsene Insekten: Im Mai und Juni schwärmen die Eintagsfliegen in der Regel in sehr großer Zahl. Deshalb nennt man sie oft auch „Maifliegen“. Man kann sie jedoch mitunter schon im April oder noch im Oktober fliegen sehen. Beobachten Sie regelmäßig das Geschehen an einem Fluß oder See, und denken Sie daran, daß die Insekten meist am späten Vormittag schlüpfen. Zur Metamorphose drängen die Nymphen an die Wasseroberfläche, wo sie schlüpfen. Später am Tag kann man beobachten, wie die besamten Weibchen zur Eiablage aufs Wasser zurückkehren, danach erschöpft auf die Wasseroberfläche fallen und sterben. Manchmal verwechseln die Weibchen eine nasse Straße mit einem stehenden Gewässer und legen ihre Eier am falschen Ort ab. Ein starker Wind kann die Eier gelegentlich vom Wasser auf das Land wehen.

▶ Wenn die Nymphen das Wasser verlassen, fallen sie häufig Spinnen und anderen Freßfeinden zum Opfer.

▼ Nach der Begattung bleiben die Weibchen im Schutz der Uferpflanzen, bevor sie zur Eiablage aufs Wasser fliegen und dann sterben.

Die Köcherfliegen – Meister der Tarnung

In Europa sind mehr als 400 Köcherfliegen-Arten heimisch. Diese Insekten bewohnen zahlreiche Süßwasser-Lebensräume – von Tümpeln, Teichen und Seen bis hin zu Bächen und Flüssen.

▲ **Die Köcherfliegen führen tagsüber ein heimliches Leben, denn sie fliegen nur nachts. Im allgemeinen nehmen sie keine Nahrung mehr zu sich, doch man hat schon einzelne Individuen beobachtet, die sich am Nektar von Blüten gütlich taten.**

Frühlingsfliegen *(Phryganeidae)* und Köcherjungfern *(Limnephilidae)* sind zwei bei uns artenreich vertretene Familien, die zur Ordnung der Köcherfliegen *(Trichoptera)* gehören. Man vermutet, daß sie verwandt sind mit der Ordnung *Lepidoptera*, zu der alle Schmetterlinge gehören. Mit ihren großen Flügeln ähneln Köcherfliegen den ebenfalls dämmerungsaktiven Spannern, die zu den Nachtfaltern zählen. Mehr Gemeinsamkeiten bestehen aber nicht, denn die Flügel der Schmetterlinge sind mit glänzenden Schuppen bedeckt, die der Köcherfliegen sind hingegen behaart (Trichoptera heißt „behaarte Flügel") und werden über dem Körper dachförmig zusammengelegt. Köcherfliegen haben zudem keinen Saugrüssel, der den Schmetterlingen als Mundwerkzeug dient. Ihre Brust (Thorax) ist in drei Segmente gegliedert, das mittlere trägt drei Paar Beine, am mittleren und hinteren Segment befindet sich je ein Flügelpaar.

LEBENSZYKLUS

Köcherfliegen sind Insekten, die eine vollständige Metamorphose durchlaufen: Ei, Larve, Puppe und schließlich Imago (erwachsenes Insekt). Bei manchen Arten dauert dieser Prozeß 1–2 Jahre. Andere Arten bringen unter günstigen Bedingungen sogar zwei Generationen pro Jahr hervor. Die Weibchen legen ihre Eier in Paketen ab, die gut geschützt in einer gallertartigen Masse ruhen. Bei anderen Arten laufen oder schwimmen die Weibchen unter Wasser und suchen dort nach einer geeigneten Stelle für die Eiablage. Damit stellen sie sicher, daß die Larven in einem Lebensraum schlüpfen, der günstig für ihre weitere Entwicklung ist.

Köcherfliegen verbringen einen Großteil ihres Lebens im Larvenstadium unter Wasser. Die Larven der unterschiedlichen Arten haben sich auf verschiedene Ernährungsweisen spezialisiert, um Nahrungskonkurrenz untereinander zu vermeiden. Einige sind Pflanzenfresser, andere ernähren sich von Mikroorganismen, wieder andere sind echte Beutegreifer. Am einfachsten kann man die Larven der verschiedenen Köcherfliegen-Gruppen daran erkennen, ob sie einen Köcher bauen oder

KÖCHERBAUENDE LARVEN

▶ **Die Larven mancher Arten sind hervorragende Architekten. Sorgfältig suchen sie kleine, gleich große Sandkörner und kleben sie mit Seidenfäden zu einem stabilen Köcher zusammen.**

◀ **Die Larve schiebt Kopf und Vorderteil des Brustsegments aus dem Schutzgehäuse. Mit Hilfe der Beine bewegt sie sich bei der Nahrungssuche vorwärts. Der Köcher besteht aus Hunderten von Sandkörnern aus dem Flußboden.**

Die Larve hält sich in der beweglichen, Schutz bietenden Wohnröhre mit 2–3 Zapfen, die sich am ersten Hinterleibssegment befinden, sowie mit einem Paar Nachschiebern am letzten Segment fest. Verschiedene Arten besitzen am Hinterleib faden- oder büschelförmige Tracheenkiemen. Mit wellenartigen Bewegungen ihres Hinterleibs fächeln sie den Kiemen im Köcher ständig Wasser zu. Zur Fortbewegung recken sie Kopf- und Brustsegment ein Stück aus dem Gehäuse heraus; mit Hilfe ihrer Beine tragen sie dann Körper und Köcher. Die Art *Traienodes bicolor* hat lange, abgeplattete Beine, die ihr das Schwimmen ermöglichen. Sie baut ein lockeres Gehäuse aus Pflanzenteilen. Viele Arten trennen mit ihren Mundwerkzeugen Teile von Pflanzen ab und zerteilen sie zu passender Größe für den Köcherbau. Jede Art konstruiert ihren Köcher aus geeignetem Material, das sie in ihrer Umgebung findet. *Anabolia nervosa* ist ein gutes Beispiel für die Anpassungsfähigkeit der Köcherfliegen, was ihre Baumethoden betrifft: Manche dieser Larven ordnen die Pflanzenteile auf ihrem Köcher gerade oder rechteckig an, andere zickzack- oder spiralförmig.

Die Larven mancher Arten fügen Sandkörner oder kleine Holzstückchen seitlich am Köcher an. Bei so ausgeklügelten Bauvarianten könnte man meinen, Köcherfliegen versuchen, Kunstwerke zu schaffen, was aber nicht der Fall ist. Die Larve beginnt mit dem Bau des Köchers am Körperende; um das Baumaterial zu transportieren und es zielgenau zu plazieren, setzt sie Beine und Mundwerkzeuge ein. Kleine Fortsätze an der Rückenseite des Hinterleibs zeigen ihr an, wann das Gehäuse den gesamten Körper bedeckt. Wenn die Larven wachsen, fügen sie am Vorderende neues Material an und entfernen dazu die alten Teile am Hinterende. Auf dem Grund eines Sees oder Flusses findet man oft alte Köcher, die die Larven vor der Umwandlung zum fertigen Insekt abgelegt haben, denn die Zersetzung der zum Köcherbau benutzten Seidenfäden dauert oft mehrere Monate. Manche Köcher bestehen aus so schwerem, panzerartigem Material, daß die winzigen Larven ein großes Gewicht mit sich herumtragen.

Über die Funktion der Gehäuse gibt es mehrere Hypothesen. Durch ihr Gewicht könnten sie den Larven besseren Halt am Gewässerboden verschaffen, so daß sie nicht von der Strömung fortgespült werden. Andererseits bietet der Köcher hervorragende Tarnung, um die verwundbaren Larven gegen die große Zahl von Feinden zu schützen. Letzteres trifft auf jeden Fall zu, denn auch in Stillgewässern gibt es köcherbauende Larven, und dort fehlt eine Strömung. Aus dem Köcher ragen nur der Kopf, der von einem festen Außenskelett umgeben ist, und das ebenfalls durch einen Chitinpanzer geschützte erste Brustsegment. Der weiche, verwundbare Hinterleib ist im Köcher verborgen.

▲ **Die Larve der Köcherfliege *Odontocerum albicorne* lebt in Fließgewässern mit steinigem Grund. Für ihren Köcher sammelt sie winzige Stein- und Sandpartikel, die sie sorgfältig auswählt.**

◀ **Die Arten der Frühlingsfliegen gehören zu den größten Köcherfliegen Mitteleuropas. Ihre Larven bauen Köcher aus Pflanzenteilen, die sie spiralförmig anordnen.**

▶ **Diese Köcherfliegenlarve fertigt ihren Köcher aus Gehäusen von Schlammschnecken und anderen Schnecken, die teilweise noch von ihren Eigentümern bewohnt werden.**

▲ **Die Larven der Familie *Rhyacophilidae* bauen keine Köcher. Sie leben frei in Fließgewässern und jagen kleine Wirbellose.**

nicht. Freisiedelnde Larven ohne Köcher spinnen aus Seidenfäden ein Netz, in dem Nahrungspartikel hängenbleiben. Köcherbauende Larven verwenden Seidenfäden zur Errichtung einer kunstfertigen Röhre aus Sandkörnern, kleinen Zweigen oder anderen Pflanzenresten. Die enormen Speicheldrüsen der Larven sind wie bei den Seidenspinnern auf die Produktion von Seidenfäden spezialisiert.

Der Köcher mancher Arten ist innen mit einem Seidenkokon ausgestattet, bei anderen Arten besteht das gesamte Gehäuse ausschließlich aus Seide, etwa bei den Arten der Familie *Hydroptilidae*. Die Männchen dieser Gruppe sind nur einige Millimeter lang, die Larven ernähren sich von grünen Algenfäden. Erst in ihrem fünften und letzten Entwicklungsstadium bauen sie sich einen Köcher aus Sandkörnern.

Faszinierende Köcherfliegen

Die größte bei uns auftretende Art ist die Große Köcherfliege *(Phryganea grandis)*. Ihre Larve verzehrt tierische Nahrung, ihr Köcher kann bis zu 50 mm lang werden. Andere Arten, etwa *Rhyacophila dorsalis*, verzichten auf den Bau jeglicher Art von Köchern, Wohnröhren oder Netzen, ihre freilebenden Larven machen Jagd auf kleine, im Süßwasser lebende Würmer und auf Larven anderer Insekten.

Die Larven vieler Arten ernähren sich jedoch vegetarisch. *Limnephilus rhombicus* verzehrt die gleichen Blätter, die sie auch zum Köcherbau verwendet. Die Sandhäufchen-Köcherfliege *(Agapetus fuscipes)* weidet Algen von Steinen ab und trägt so zur Säuberung des Gewässergrunds bei, der von üppig wachsenden Kieselalgen und anderen Algen überwuchert zu werden droht.

NETZEBAUENDE LARVEN

▲ **Um an Nahrung zu gelangen, spinnen manche Arten ein Seidennetz, das sie an Wasserpflanzen oder Steinen befestigen. Darin verfangen sich von der Strömung herangeführte Partikel.**

Freilebende Larven verbergen sich in Gesteinsspalten in flachen, schnell fließenden Flüssen oder Bächen, wo sie einigermaßen sicher sind und nicht mit der Strömung mitgerissen werden. Sie spinnen ein Netz aus Seidenfäden, in dem sich Nahrungspartikel verfangen. Das Gewebe variiert je nach Köcherfliegen-Art, Umgebungsbedingungen und Beute, die es zu fangen gilt. Manche Arten, wie beispielsweise *Philopotamus montanus*, bedienen sich ihrer schildförmigen Oberlippe (Labium), um die Nahrung aus der Mitte des feinmaschigen Netzes herauszulösen. Andere Arten, wie die bis zu 12 mm lange *Polycentropus flavomaculatus*, fangen ihre Beute in großmaschigen Netzen in stehenden oder langsam fließenden Gewässern. Die Vertreter der Gattung *Hydropsyche* leben in einem röhrenförmigen Gespinst am Grund schnell fließender Gewässer. Sie spannen vor dem Eingang regelrechte Reusenfallen aus Seidenfäden auf. Benachbarte Larven kommunizieren gelegentlich miteinander und stellen, ähnlich wie Spinnen, mit Hilfe ihrer Fühler fest, ob sich Beute oder Pflanzenpartikel in ihrem Netz verfangen haben. Andere Arten spinnen ein Netz aus Seide, im Inneren ausgestattet mit Röhren, die sie zur Nahrungssuche verlassen. An Stellen, an denen ein See in einen Fluß ausläuft, leben die Larven von *Neureclipsis bimaculata*. Sie fangen freischwebende Kleinstlebewesen wie Daphnien in umgebogenen, trichterförmigen Netzen, die bis zu 10 cm lang sein können. Die Gattung *Tinodes* umfaßt Arten, die auf unbewachsenen Felsen leben. Sie heften ihre Röhren aus Seide auf den Fels, um nicht von der Strömung mitgerissen zu werden.

▶ **Die Metamorphose der Köcherfliegen findet unter Wasser statt. Die köcherbauenden Arten verbringen die Puppenzeit in ihrer Schutzhülle. Zum Schlüpfen beißt sich die Nymphe mit ihren Mundwerkzeugen aus dem Köcher und schwimmt zur Oberfläche.**

Köcherfliegenlarven durchlaufen mehrere – meist fünf – Entwicklungsstadien, bevor sie sich in einen Kokon aus Seide einspinnen, um dort die Zeit der Puppenruhe zu verbringen. Dieses Entwicklungsstadium kann zwei oder drei Wochen dauern, in denen sich die Larven zum erwachsenen Insekt verwandeln. Manche Arten haben eine längere Puppenruhe, in der sie auch überwintern.

INSEKTENWOLKEN

Köcherfliegen schlüpfen manchmal in so großen Mengen, daß Flüsse und Seen regelrecht von den Insekten übersät sind oder die Luft über der Wasseroberfläche an einem Spätsommerabend von ihnen erfüllt ist. Zu den zahlreich auftretenden Arten gehört *Brachycentrus subnubilis* – eine köcherbauende Art, die im Frühjahr schlüpft und sandige Flußbetten bewohnt.

Die meisten Köcherfliegen-Arten sind jedoch sehr unauffällig. Manche sind selbst im Flug kaum zu erkennen, andere verbringen ihr Leben unter Steinen, in Spalten hinter der Baumrinde oder im Laub. Das Leben der erwachsenen Köcherfliegen währt nicht sehr lange, denn es dient nur der Fortpflanzung. In manchen Gebirgsregionen mit niedrigen Frühlingstemperaturen lebt die Art *Apatania muliebris*, die nur aus Weibchen besteht. Sie pflanzt sich fort durch Parthenogenese, d.h. Jungfernzeugung ohne Männchen. Die Weibchen haben nur weiblichen, genetisch identischen Nachwuchs. Dies ist möglicherweise eine Anpassung an schwierige Umweltbedingungen, die wegen der niedrigen Produktivität der Art einen verkürzten Lebenszyklus erfordern. Vielleicht hatte diese Art nicht genügend „Power", um Männchen hervorzubringen und die kräftezehrende Fortpflanzungsperiode durchzustehen.

Geflügelte Imagos

Mit ihrer graubräunlichen Färbung und dem nachtaktiven Verhalten ähneln erwachsene Köcherfliegen den Nachtfaltern. Beide ernähren sich außerdem von Nektar und Pflanzensaft und sterben bald nach der Fortpflanzung.

Halesus radiatus

Die feinen Antennen können genauso lang sein wie der Körper.

Im Gegensatz zu den Nachtfaltern tragen ihre Flügel kurze, dichte Härchen, keine Schuppen.

Bei manchen Köcherfliegen sind Vorder- und Hinterflügel ähnlich wie bei Schmetterlingen miteinander verhakt.

▶ Die erwachsene Köcherfliege ähnelt einem Nachtfalter, ihre vier Flügel sind jedoch behaart. Im Ruhezustand klappt sie die Flügel dachartig über dem Körper zusammen, die Vorderflügel bedecken dabei die Hinterflügel.

DIE NATUR BEOBACHTEN

WO KANN MAN KÖCHERFLIEGEN FINDEN?

- Wenn Sie den Grund eines Teiches oder Baches mit einem Netz erforschen, können Sie gelegentlich köchertragende sowie freilebende Larven von Köcherfliegen fangen. Legen Sie die Insekten zum Beobachten in einen Behälter mit sauberem, sauerstoffreichem Wasser. Beachten Sie, daß manche Larven ihren Köcher beim Fang verlieren.
- Larven kann man auch nach Ablegen ihres Köchers fangen, wenn sie an die Wasseroberfläche schwimmen, um das Wasser zu verlassen. Dies findet häufig in der Abenddämmerung statt.
- Einzelne Arten zu erkennen ist eine Aufgabe für Experten, das gelingt oft nur mit einem Mikroskop. Für die Artbestimmung sind Flügeläderung, Körperform und andere Merkmale genau zu prüfen – wie beispielsweise die Geschlechtsorgane der Männchen, die bei den einzelnen Arten sehr unterschiedlich sind.
- Legt man die Larven in ein Behältnis mit klarem Wasser und beobachtet sie unter einer Lupe, kann man viel über die Lebensweise dieser Insekten erfahren. Köcherbauende Larven sind besonders interessant, da man sie vorsichtig aus ihrem schützenden Gehäuse entnehmen und ihnen diverses Material geben kann, mit dem sie dann einen neuen Köcher zusammenfügen.

▲ Bei manchen Arten schlüpfen unzählige erwachsene Insekten gleichzeitig. Sie bleiben stundenlang an Blättern von Uferpflanzen wie dem Beinwell hängen.

Wasserflöhe

Unter den im Süßwasser lebenden Krebstieren findet man so imposante Formen wie den Flußkrebs oder Winzlinge wie die Daphnien. Von diesen Kleinkrebsen sind nur die größten mit bloßem Auge erkennbar. Trotzdem besitzen sie einen unglaublich komplexen Körper.

▲ Bei Wärme und reichem Nahrungsangebot vermehren sich die Daphnien explosionsartig. Sie stellen eine wichtige Nahrungsquelle für eine Vielzahl von Süßwasserfischen dar.

▶ Mit Hilfe ihrer zahlreichen Beinborsten sieben Daphnien Nahrungspartikel, wie Bakterien, Algen und verwesendes, organisches Material, aus dem Wasser. Sie extrahieren daraus die Nährstoffe und scheiden die unverdaulichen Reste aus.

Daphnien zählen zu einer Gruppe sehr wichtiger und vielgestaltiger kleiner Krebstiere, die zur Unterordnung Wasserflöhe *(Cladocera)* gehören. Sie ernähren sich von noch kleineren Organismen, die sie aus dem Wasser filtern.

Daphnien sind die bekanntesten Vertreter dieser Gruppe. In Seen treten sie in dichten Schwärmen auf, je nach Nahrungsangebot leben sie in unterschiedlichen Tiefen. Sie schwimmen mit rhythmischen Schlägen ihrer großen, mit Borsten versehenen Antennen, die sie wie Ruder einsetzen. Da sie sehr zahlreich werden können, haben sie großen Einfluß auf die Populationen von Algen und Bakterien, dem sogenannten Phytoplankton, das sie in beachtlichen Mengen zu sich nehmen und so das Wasser sauberhalten. In Gewässern, in denen es viele Fische gibt, die sich von Wasserflöhen ernähren, kann das Algenwachstum exponentiell ansteigen, vor allem in nährstoffreichem Wasser. Ein Übermaß an Algen kann das Wasser grün und suppenartig trübe machen.

In manchen Seen führte der Rückgang der Fischbestände zu einem deutlichen Anstieg des Vorkommens von Daphnien, die sich von der Algenschicht auf den Wasserpflanzen ernähren. Vermehrt sich im Laufe des Jahres im natürlichen Ökosystem eines Sees der Algen- und Bakterienbestand, steigt auch die Zahl der Daphnien und anderer Kleinkrebse, deren Vorkommen vom Nahrungsangebot abhängt. Somit halten die Kleinkrebse durch ihre Freßtätigkeit das Wasser ungefähr gleichmäßig sauber. Fische, die sich von winzigen Kleinkrebsen ernähren, haben großen Einfluß auf das Vorkommen ihrer Beutetiere. In Lebensräumen, in denen sie ihnen regelmäßig nachstellen, besteht die Gruppe der Kleinkrebse aus winzigen, beweglichen, meist nachtaktiven Arten mit durchsichtigem Körper. Werden sie weniger effektiv gejagt, herrschen größere und langsamere Arten vor, wie der Große Wasserfloh *(Daphnia magna)*.

In flachen Seen oder Teichen, in denen keine Fische leben, sind es vor allem Enten wie die Löffelente, die mit ihrem mit Lamellen besetzten Schnabel Daphnien aus dem Wasser filtern.

▲ **Der Körper der Daphnie ist fast transparent, so daß die inneren Organe und selbst der grüne Darminhalt aus Algen durchscheinen, wenn man das Tier unter dem Mikroskop betrachtet.**

KENNKARTE

Der Wasserfloh ist durch einen schalenartigen Chitinpanzer geschützt. Er schwimmt in stehenden Gewässern, wobei er heftig mit den Antennen rudert. Seine Nahrung, wie Algen und andere winzige Partikel, filtriert er aus dem Wasser. An seinem Kopf befindet sich das große, schwarze Komplexauge, mit dem der Wasserfloh hell und dunkel unterscheidet.

NAME
Deutscher Name: Daphnie, Wasserfloh
Wissenschaftlicher Name: *Daphnia* oder *Ceridaphnia*

GRÖSSE
Je nach Art 0,5–5 mm

MERKMALE
Im Wasser lebender Kleinkrebs; bewegt sich hüpfend ähnlich einem Floh, schwimmt ruckartig; heller Körper, schwarzes Auge, graubraune Eingeweide

NAHRUNG
Süßwasseralgen, Bakterien, Detritus

LEBENSWEISE
Lebt im Süßwasserplankton; rudert beim Schwimmen heftig mit seinen großen Antennen; hält sich in der Nähe von Pflanzen und Schilf auf; als erwachsenes Tier Lebensdauer nur einige Wochen, als Ei mehrere Jahre möglich

FORTPFLANZUNG
Je nach Umweltbedingungen geschlechtlich oder ungeschlechtlich

LEBENSRAUM
Sämtliche Süßwasserlebensräume

VERBREITUNG
In Deutschland sehr weit verbreitet

Verbreitung

Das ganze Jahr anwesend

Der Wasserfloh in Deutschland

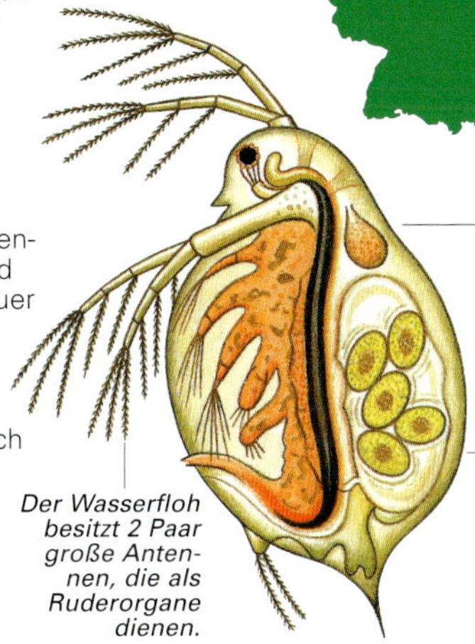

Viele Arten können sich sowohl geschlechtlich als auch ungeschlechtlich fortpflanzen. Bei der ungeschlechtlichen Fortpflanzung schlüpfen aus den Eiern ausschließlich Weibchen, die genetisch mit der Mutter und untereinander identisch sind; das nennt man Parthenogenese (Jungfernzeugung). Diese Fortpflanzungsmethode erweist sich als vorteilhaft im Frühling, Sommer und Herbst, wenn es darum geht, sich je nach verfügbarer Nahrung, Wetterbedingungen oder Verfolgung durch Freßfeinde rasch zu vermehren. Parthenogenese ist für Daphnien in ökologisch stabilen, großen Seen die wichtigste Vermehrungsweise. Wenn es die Umweltbedingungen erfordern, was vor allem im Winter der Fall ist, entwickeln sich auch männliche Wasserflöhe. Dann legen die Weibchen befruchtete Eier ab. Die dunklen Eier sind von einer schützenden Kapsel umgeben, die unempfindlich gegen Frost oder Trockenheit ist. Sie ermöglicht den Daphnien, selbst dann zu überleben, wenn ihre Umgebung vollständig trockenfällt. Man hat schon Daphnien in Seebecken gefunden, die davor mehr als 20 Jahre ausgetrocknet waren!

Aus den befruchteten Eiern schlüpfen wiederum Weibchen, die sich durch Parthenogenese fortpflanzen. Die Eikapsel treibt häufig an der Wasseroberfläche und wird von dort durch Wasservögel oder Wind in neue Lebensräume gebracht. Die meisten Eier sind aber weder Frost noch Austrocknung ausgesetzt; sie garantieren den Fortbestand der Daphnien über den Winter, wenn Nahrung knapp wird. Diese kleinen Krebse sind also hervorragend an die unterschiedlichen Bedingungen im Süßwasserlebensraum angepaßt.

DIE NATUR BEOBACHTEN

WO KANN MAN DAPHNIEN SEHEN?

Sehen Sie sich aufmerksam um an einem Tümpel, Weiher oder See. Dort schwimmen Gruppen von grüngelben oder rötlichen Daphnien ruhig umher. Manchmal sieht man auch, wie Fische mit geöffnetem Maul auf die Minikrebse zuschwimmen, um sie sich einzuverleiben.

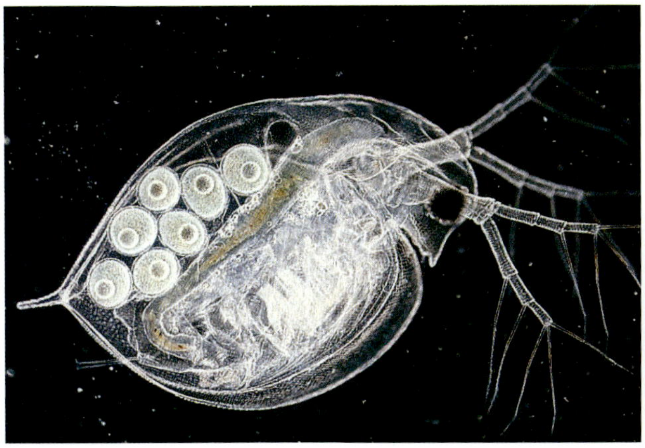

▲ **Unter günstigen Bedingungen vermehren sich Daphnien schnell. Die unbefruchteten Eier entwickeln sich im Brutraum am Rücken der Mutter. Jeder Embryo befindet sich neben einem Dottersack und wird von diesem ernährt.**

▶ **Im Sommer entwickeln sich die Daphnien im Inneren des mütterlichen Brutraums. Sobald sie nach kurzer Zeit selbständig sind, gelangen sie ins Wasser.**

◀ **Bei ungünstigen Lebensbedingungen bringen Wasserflöhe widerstandsfähige Eier hervor, die Dauereier. Im Unterschied zu den Sommereiern entwickeln sich diese nicht im Körperinneren des Weibchens, sondern werden ins Wasser abgegeben. Dort können sie monate- oder jahrelang ruhen, bis die Lebensbedingungen ihre Entwicklung zulassen.**

Kostbare Flußperlmuschel

Hinter den dezenten Farben und dem unscheinbaren Äußeren der Flußperlmuschel verbirgt sich ein schönes, wenn auch trauriges Geheimnis: Die Schätze, die sich im Inneren dieser einst weitverbreiteten Muschel befinden, werden zweifellos so selten wie die Muschel selbst.

Die Flußperlmuschel ist ein sehr weit verbreitetes Süßwasser-Weichtier, man findet sie von Lappland bis Portugal sowie in Asien über Sibirien bis Japan. Ihren Körper umgibt eine längliche Schale aus zwei Klappen, die bei Jungtieren braungelb gefärbt ist und mit zunehmendem Alter nachdunkelt. In einem schnell fließenden Fluß kann eine Perlmuschel bis zu 12 cm lang werden. Die beiden widerstandsfähigen Muschelschalen werden durch zwei kräftige Muskeln, vorderer und hinterer Schließmuskel, zusammengehalten. Dadurch ist die Muschel vor den meisten Feinden gut geschützt – mit Ausnahme von großen Fischen, die sie im ganzen verschlucken können.

Die Flußperlmuschel bewegt sich im Sediment mit ihrem muskulösen Fuß fort, der aus der Schale herausragt. Die Muschel drückt dazu den Fuß in das Sediment des Gewässergrunds, verankert ihn an einer geeigneten Stelle und zieht anschließend den übrigen Körper nach. Mit dem Fuß gräbt sie sich auch im Sediment ein, so daß nur ein kleiner Teil der Schale noch hervorschaut.

EINE SELTENE PERLE

Schon zu Zeiten der alten Römer waren manche Flüsse berühmt für ihre Perlen, die man dank der Perlmuschelbestände dort fand. Die Perlen werden in der Mantelhöhle der Muschel gebildet, wenn sich ein kleines Sandkorn im Gewebe verfängt. In der Regel stößt die Muschel eintretende Fremdkörper zwar ab, doch gelingt ihr dies nicht immer. In diesem Fall reagiert sie auf die Reizung durch ein Sandkorn, indem sie ein Sekret absondert, das aus der gleichen Substanz (Perlmutt) besteht wie ihre Schale – die erste Voraussetzung für die Entstehung einer Perle ist erfüllt. Im Laufe der Zeit entwickelt sich ein mehr oder minder durchsichtiges, mehrschichtiges Kügelchen, das man als natürliche Perle bezeichnet. Bei den meisten Muschelarten verläuft die Perlenentstehung auf diese Weise, wenn auch nicht im gleichen Ausmaß wie bei den Perlmuscheln. Vermutlich bringen diese mehr Perlen hervor, weil sie im sandigen Sediment von Flüssen mit häufigem Hochwasser leben, während andere Arten eher in schlammigem Grund vorkommen. Einst war die Perlmuschel in kalkarmen Flüssen weit verbreitet, heute ist sie sehr selten. Verantwortlich dafür sind die Perlenliebhaber, die früher in übermäßigem Sammeleifer sehr viele Muscheln töteten, darunter auch zahlreiche, die noch gar keine Perlen in sich trugen. Es dauert seine Zeit, bis sich eine Perle gebildet hat, und Perlmuscheln werden sehr alt.

▲ Betrachtet man die gesäuberte Schaleninnenseite einer toten Perlmuschel, sieht man die weißliche Auskleidung der Oberfläche. Sie besteht aus dem gleichen Material wie eine Perle. Die Schalenaußenseite ist dagegen rauh und dunkel.

ERNÄHRUNG DURCH FILTRIEREN

Wie auch die verwandte Teichmuschel, die in stehenden Gewässern lebt, filtriert die Flußperlmuschel Nahrungsbestandteile aus dem Wasser: Durch zwei Öffnungen, die Einström- und die Ausströmöffnung, pumpt sie mit Hilfe von Kontraktionen des Mantels und von Bewegungen zahlreicher Wimpern Wasser durch die Atemhöhle. Dabei umspült der Wasserstrom die Kiemenblätter, worauf sich unzählige kleine Wimpern befinden, an denen die Nahrungspartikel hängenbleiben. Oberhalb

GESCHÜTZTE ART!

Die Flußperlmuschel ist geschützt. Sie darf nicht getötet, verletzt und aus ihrem Lebensraum entfernt werden. Auch ihr Lebensraum ist geschützt.

◀ Wird die Perlmuschel gestört oder aus ihrem natürlichen Lebensraum im Sediment entfernt, hält sie ihre Schalen geschlossen. Nur eingegraben im Gewässergrund öffnet sie ihre Schalenhälften und beginnt, Nahrung zu filtrieren und zu atmen.

◀ Man erkennt die Anwesenheit von Perlmuscheln an der leichten Bewegung des Sediments vor der Ausströmöffnung, durch die das verbrauchte Wasser ausgeschieden wird.

▶ Sieht man eine freiliegende Muschel in klarem Wasser, wurde sie aus dem Sediment, in dem sie lebt, vertrieben – oft durch menschliche Störungen.

der Kiemen wird der Wasserstrom nach hinten geleitet und verläßt schließlich den Muschelkörper durch die Ausströmöffnung. Die Mehrzahl der Partikel, wie Sandkörner und unverdauliche Bestandteile, wird ausgeschieden, während Algen, Bakterien und zerfallene organische Stoffe (Detritus) verwertet werden. Da pro Stunde mehrere Liter Wasser durch die Muschel fließen, kann sie auch dort überleben, wo Nahrung knapp ist.

Herausforderung im Süsswasser

Die meisten Muscheln *(Bivalvia)* sind Meeresbewohner, nur wenige Arten haben sich an Süßwasserlebensräume angepaßt. Die Larven der Meeresmuscheln wachsen mitten im nahrungsreichen Plankton heran, die Larven der Süßwasserarten dagegen werden zunächst einmal von der Strömung weit aus den Gebieten verfrachtet, die für die erwachsenen Muscheln geeignet sind. Zahlreiche Süßwassermuscheln haben dieses Problem aber gelöst: Die erwachsenen Tiere pflanzen sich fort, indem sie enorme Mengen an Eiern legen – bis zu zwei Millionen pro Individuum. Die Eier entwickeln sich über mehrere Monate im Kiemenraum des Elterntiers; in dieser Zeit verwandeln sie sich in winzige Muschellarven, Glochidien genannt. Diese werden durch die Ausströmöffnung ausgestoßen und sinken auf den Grund des Flusses oder Sees. Befindet sich ein Fisch in der Nähe der Larve, schwimmt sie ihm entgegen und heftet sich mit einem gallertartigen Faden an ihm fest. Dann klettert sie den Faden hinauf und dringt in die Haut des Fisches ein. Sie nistet sich für 2–3 Wochen in der Haut oder in den Kiemen ein, indem sie eine kleine Kapsel ausbildet, und lebt dort auf Kosten ihres Wirtes. Beim Durchschwimmen einer Muschelbank kann sich ein Fisch eine Menge Larven einfangen – auf einem Barsch hat man schon einmal mehr als 5000 gefunden! Die Larven der Muscheln leben als Parasiten auch an Forellen und Elritzen. Nach einiger Zeit entwickeln sie sich zu kleinen Muscheln, diese verlassen ihre Wirtsfische und besiedeln neue Lebensräume.

WIRBELLOSE EXOTEN

◀ Edelkrebs-Männchen in blauer Farbform: Die größte bei uns heimische Krebsart kann eine Körperlänge von 20 cm erreichen. Edelkrebse sind wie auch die anderen Arten dämmerungs- und nachtaktiv.

▼ Amerikanischer Flußkrebs im Unterwasser-Dschungel: Insgesamt gibt es in Deutschland acht Arten. Gerade die drei heimischen Arten (Edelkrebs, Bachkrebs, Dohlenkrebs) sind extrem empfindlich, brauchen besonders sauberes Wasser.

In Deutschlands Flüssen leben acht verschiedene Süßwasserkrebse. Drei sind ursprünglich bei uns heimisch, vier Arten wurden eingeführt. Alle Flußkrebse sind nahe Verwandte des Hummers. Besonders die drei heimischen Arten Edelkrebs, Dohlenkrebs und Bachkrebs sind extrem empfindlich und brauchen sehr sauberes Wasser. Sie besiedeln Bäche, Flüsse, Seen und Weiher. Flußkrebse sind dämmerungs- und nachtaktiv. Seit kurzem weiß man, daß sie sich zum Schlafen auf die Seite legen. Zu den Feinden der Krebse gehören Vögel, Fische, Bisamratten und der Mensch.

Erdkröten-Pärchen, das Männchen huckepack, im Hintergrund Laichschnüre

Ein Feuersalamander jagt Insekten auf einem Blatt

DIE WELT DER AMPHIBIEN

Am Anfang steht immer die Kaulquappe. Doch daraus entwickeln sich Wassertiere von unterschiedlichem Aussehen: Molche, Frösche, Kröten, Salamander … Jede dieser faszinierenden Tiergestalten hat eine besondere Beziehung zum Süßwasser – auch wenn sie als fertige Lurche sowohl im Wasser als auch an Land leben.

Der Teichmolch – ein kleiner Wasserdrache

Jedes Frühjahr macht sich ein buntgemusterter, kleiner Drache an Seen, Tümpeln oder Gartenteichen in vielen Ländern der Welt auf, um entschlossen nach einer Partnerin zu suchen. Kein Wunder, daß dann Leben ins Gewässer kommt!

Die Artengruppe der Wassermolche bewohnt die gemäßigten Klimazonen Europas. In Deutschland leben vier Arten, darunter der Teichmolch *(Triturus vulgaris)*. Wie alle Amphibien sucht er zur Fortpflanzung das Wasser auf, verbringt aber rund sieben Monate des Jahres an Land. Daher kann er auch in der Nähe von Gewässern leben, die jahreszeitlich bedingt austrocknen. Leider hat die Verarmung vieler Feuchtgebiete, vor allem durch Entwässerung, Trockenlegung, Wasserverschmutzung und Aussetzen von Fischen, sowie häufige Störung durch Menschen zu einem Rückgang der Molchpopulationen geführt. Der Teichmolch ist im Vergleich zu den anderen Molcharten nicht ganz so anfällig gegenüber diesen Beeinträchtigungen seines Lebensraums.

▲ Zur Fortpflanzungszeit wächst den Männchen auf Rücken und Schwanz ein Kamm, den Unterrand des Schwanzes ziert ein hellblauer Streifen.

▶ Die außen am Körper sitzenden, büschelartigen Kiemen dieser 6–8 Wochen alten Larve verschwinden nach der Umwandlung zum fertigen Molch.

Zur Balzzeit umwerben die Männchen durch Zurschaustellen ihrer auffallenden Farben und Formen die Weibchen und fächeln ihnen mit dem Schwanz Sexuallockstoffe zu. Dieses Verhalten können Sie am besten bei Einbruch der Dunkelheit beobachten, wenn Sie sich am Ufer eines Weihers mit einer Taschenlampe auf die Lauer legen. In der Fortpflanzungszeit scheinen die Molche nicht so scheu wie sonst zu sein, so daß sie sich nicht gestört fühlen, wenn Sie abrupte Bewegungen ver-

KENNKARTE

Teich-, Kamm-, Berg- und Fadenmolch sind die vier in Deutschland vorkommenden Molcharten. Sie sind oft recht schwer voneinander zu unterscheiden, insbesondere außerhalb der Fortpflanzungszeit. Mit 18 cm Länge ist der Kammolch der größte unter ihnen. Der Teichmolch unterscheidet sich vom Fadenmolch durch die schwarzen Flecken an der Kehle und den orangefarbenen Bauch – der Fadenmolch ist am Bauch eher gelb gefärbt.

Verbreitung

Das ganze Jahr anwesend

Der Teichmolch in Deutschland

● NAME
Deutscher Name: Teichmolch
Wissenschaftlicher Name: *Triturus vulgaris*

● GRÖSSE
Ausgewachsen 8–11 cm lang, einschließlich Schwanz; Weibchen oft größer als Männchen

● MERKMALE
Kopfoberseite mit 3 Längsfurchen, kleine schwarze Flecken auf dem Körper; hat im Gegensatz zum Fadenmolch eine gefleckte Kehle

● STIMME
Unter Streß piepsende Abwehrrufe

● EIER
Kleine, bräunliche Eier (Durchmesser 4 mm); beim Kammolch gelblich

● FORTPFLANZUNG
März bis Juni; im 3. oder 4. Frühjahr geschlechtsreif; Männchen zur Balzzeit bunter (Wassertracht); Balzverhalten und Besamung komplizierter als bei Fröschen und Kröten

● LEBENSRAUM
Eher in tiefer gelegenen Gebieten (im Süden des Verbreitungsareals gelegentlich bis auf 2000 m Höhe); lebt länger an Land als andere Amphibien (7–8 Monate pro Jahr), lebt an dunklen, feuchten Plätzen; Fortpflanzung in flachen, vegetationsreichen und fischfreien Gewässern, die weder zu schattig noch zu sonnig sind; kann auch in Brackwasser leben

● VERBREITUNG
Weit verbreitet in Mitteleuropa – vom Tiefland bis in die unteren Gebirgslagen (in Österreich bis in 2150 m Höhe)

Der Teichmolch hat keine Schwimmhäute an den Füßen, aber lange Zehen. Die Zehen der Hinterfüße sind beim Männchen während der Fortpflanzungszeit im Wasser von einem dunklen Schwimmsaum umgeben.

Der Teichmolch atmet mit Lungen und über die Haut. Die Haut ist während seines Aufenthalts im Wasser glatt und dünn, an Land aber ledriger. Sie muß immer feucht bleiben, damit die Hautatmung funktioniert.

Sowohl im Wasser als auch an Land bewegt sich der Teichmolch auf ähnliche Art und Weise fort. Er windet den Körper schlangenartig von einer Seite zur anderen und kommt dank seines langen, vertikal abgeplatteten Schwanzes schnell voran.

▲ Die Weibchen legen ihre Eier einzeln an Wasserpflanzen ab. Jedes Ei wird sorgsam in ein Blatt passender Größe eingewickelt und bleibt darin kleben.

HOCHZEITSRITUAL

Von März bis Juni suchen Gruppen von Teichmolch-Männchen nach Weibchen. Zunächst „beschnüffelt" das Männchen die auserwählte Partnerin, die ihn erst einmal ignoriert. Daraufhin stellt sich das Männchen vor dem Weibchen quer. Stört ein Rivale die Balzeinleitung des Paares, wird er vom Männchen vehement verfolgt. Das Männchen setzt im Verlauf des Balzrituals eine oder mehrere Spermatophoren (Samenpakete) vor dem Weibchen ab. Es folgt nun dem Männchen und nimmt dabei das Samenpaket in seine Kloake auf. Damit stellt es die Befruchtung der Eier sicher.

▼ Teichmolch-Männchen, die in Fortpflanzungsstimmung einen Weiher aufgesucht haben, nehmen den Duft der Weibchen dort auf.

meiden. Im Licht, das durch die dichtwachsenden Wasserpflanzen dringt, können Sie dann zahlreiche Männchen sehen, die meist aktiver sind als die Weibchen.

Wenn Sie in einem Teich zwischen April und Juni nachts ein einzelnes Teichmolch-Weibchen entdecken, ist es möglicherweise auf der Suche nach Pflanzen, um dort seine Eier abzulegen. Zunächst inspiziert es die Blätter mit der Spitze des Mauls. Hat es ein für den „Nachwuchs" geeignetes Blatt gefunden, heftet es jeweils ein Ei daran. Daraufhin wickelt es das Blatt mit Hilfe der Hinterbeine tütenartig um das Ei, um es vor Freßfeinden zu sichern. Bei sonnigem Wetter kann man mit etwas Glück die zusammengerollten Blätter an den Wasserpflanzen entdecken.

DIE MOLCHLARVEN

Die Entwicklung der Teichmolche verläuft geringfügig anders als bei Fröschen oder Kröten. Bei den Molchlarven befinden sich die Kiemen außerhalb des Körpers, bei den Froschlurchen im Körperinneren,

▶ Bei diesem Teichmolch-Embryo kann man Kopf und Körper im Inneren der Eihülle deutlich erkennen, die Kiemen bilden eine winzige Spitze hinter dem Kopf.

▼ Beim Schlüpfen fressen die Kaulquappen die Reste der Eihülle. In den ersten Lebenstagen produzieren spezielle Hautdrüsen ein klebiges Sekret, mit dessen Hilfe sie sich überall anheften können, um nicht von der Strömung verfrachtet zu werden.

▼ Mit 4–6 Wochen verliert die Kaulquappe ihre „Klebstoff" produzierenden Drüsen, die an den Kopfseiten liegen, und geht auf Nahrungssuche. In dieser Zeit entwickeln sich auch die vier Füße mit kleinen Zehen.

ECHT AMPHIBISCH

Molche entdeckt man am häufigsten im Wasser, obwohl sie einen Großteil des Jahres an Land verbringen. Die Tiere atmen über die Haut, die sehr dünn ist, damit Sauerstoff durchdringen kann. Aus diesem Grund muß die Haut auch immer feucht bleiben. Molche suchen infolgedessen an Land feuchte Plätze auf, oft unter Steinen oder Baumstümpfen oder in einem feuchten Komposthaufen im Garten. Sie verlassen ihr Versteck nur, um Beutetiere, wie kleine Nacktschnecken oder andere Wirbellose, zu finden. Sie stürzen sich aber auch auf etwas größere Tiere, wenn diese ihre Aufmerksamkeit wecken. In der Regel wagen sich Molche auf ihren Streifzügen nur wenige Meter von ihrem Unterschlupf weg. Aber manchmal wandern sie bereits vor der Fortpflanzungssaison zu dem Teich, in dem sie einst aus dem Ei geschlüpft sind, um dort im Teichgrund zu überwintern. Teichmolche verbringen den Winter an einem feuchten, aber nicht zu nassen, vor Frost geschützten Platz. Da sie wechselwarm sind, also ihre Körpertemperatur von der Umgebungstemperatur abhängt, müssen sie geeignete Verstecke finden, in denen sie in Winterstarre verharren, bis die Temperaturen wieder steigen. Wenn sich im Frühling die Luft wieder erwärmt hat, machen sich die Molche auf den Weg zu einem Teich. Man sagt, sie könnten das Wasser riechen … Fest steht auf jeden Fall, daß man erstaunlich rasch an neu angelegten Teichen Molche antreffen kann. Auch Gartenteiche haben sie schon erfolgreich besiedelt.

▼ Bei der Jagd setzen Teichmolche ihr Sehvermögen und ihren Geruchssinn ein; beide funktionieren im Wasser genausogut wie an Land. Die Molche reagieren auf jede abrupte Bewegung.

▼ Außerhalb des Wassers sind Molche nur selten zu sehen, denn sie müssen sich vor der Sonne schützen. Anderenfalls würden sie schneller austrocknen als Kröten oder Frösche, weil ihre Haut dünner ist.

die Vorderfüße entwickeln sich vor den Hinterfüßen (bei Froschlurchen umgekehrt). Die Entwicklungsdauer der Larven wird aber bei allen Amphibien von der Wassertemperatur beeinflußt. Nach nur sieben Tagen läßt der Embryo im Ei wegen seiner länglichen Form bereits die künftige Molchlarve erahnen. Einen Monat nach der Eiablage haben die Larven die Membran, die das Ei umgibt, aufgezehrt und schlüpfen. Zu Beginn wirken ihre Bewegungen noch unkoordiniert, denn sie schwimmen in alle Richtungen, bis sie auf ein Hindernis treffen. Ihre Gliedmaßen sind von einer klebrigen Substanz umgeben, mit der sie sich überall anheften können, um nicht verdriftet zu werden. Sobald sich die Larven erneut bewegen, lösen sie sich wieder von der Unterlage und schwimmen frei umher. Sie sind nur 7 mm lang und fast durchsichtig. In diesem Stadium kann man mit bloßem Auge sehen, wie das Blut durch Kiemen und Flossensaum fließt.

Die vorderen Gliedmaßen erscheinen zehn Tage nach dem Schlüpfen. Die hinteren entwickeln sich erst nach sechs Wochen – dann sind die Larven bereits geschickte Jäger. Die vier Füße und der lange, flossenartige Schwanz, der im Wasser als Hauptantriebsorgan dient, ermöglichen ihnen, zwischen den Wasserpflanzen erfolgreich Beutetiere zu jagen.

FURCHTLOSE FEUERSALAMANDER

Typischer Lebensraum von Feuersalamandern *(Salamandra salamandra)* sind feuchte Laubmischwälder der Mittelgebirge. Seltener findet man die Art in Nadelwäldern oder auch Gärten. Feuersalamander leben teils an Land, teils im Wasser: Die Paarungszeit dauert bei uns von März bis September, die Hauptaktivität entfalten die Salamander im Juli. Sobald ein Männchen ein Weibchen entdeckt hat, verfolgt es dieses, um zu prüfen, ob das Weibchen paarungsbereit ist. Danach folgt ein kompliziertes Balz- und Paarungsritual. Nach acht Monaten Tragzeit wandert das Weibchen zum nächsten Gewässer, legt dort in kühlen, sauerstoffreichen und schattigen Quellbächen 60 Larven ab. Die bis zu 20 cm langen Feuersalamander fressen Insekten, Asseln, Würmer und Nacktschnecken. Trotz ihrer auffälligen, bunten Färbung müssen sie sich vor keinem Feind fürchten: Sie sind giftig, werden deshalb von gefräßigen Räubern wie Igel, Hund, Katze, Storch und Falke gemieden. Größter Feind der Salamander ist allerdings der Mensch: Viele Tiere werden auf der Suche nach Laichplätzen überfahren. Viele Bäche werden verunreinigt, begradigt.

▶ Feuersalamander: Seine glatte, tiefschwarze Haut wird auf dem Rücken durch ein gelbes, manchmal auch orangefarbenes bis rotes Zeichnungsmuster aus Punkten und/oder Linien unterbrochen.

Der Molch entdeckt seine Beute zunächst mit Hilfe seines Sehvermögens und Geruchssinns, doch der Angriff wird schließlich durch Bewegungen des Beutetieres ausgelöst. Schwimmt ein Beutetier nah an seinem Kopf vorbei, packt er es mit erstaunlicher Präzision. Seine kleinen Zähne sind eher zum Ergreifen der Beute als zum Zerkauen geeignet, daher verschlingt der Molch sein Opfer im ganzen. Dem winzigen Wasserdrachen fehlt gelegentlich jeglicher Sinn für das rechte Maß; so greift er kühn auch Tiere an, die um ein Vielfaches größer sind als er selbst.

Die Molchlarven ernähren sich von winzigen Krebstieren, in der Regel von Wasserflöhen, bis sie in der Lage sind, größere Tiere zu überwältigen. Es kommt sogar vor, daß sich die Larven gegenseitig auffressen. Manchmal werden sie von erwachsenen Teichmolchen erbeutet.

GESCHÜTZTE ART!

Der Teichmolch genießt wie alle anderen Molcharten in Deutschland umfassenden gesetzlichen Schutz. Es ist verboten, ihn zu verletzen oder gar zu töten sowie seinen Laich zu zerstören. Ebenso darf man die Tiere selbst (Larven und erwachsene Molche) nicht einfangen und an einem anderen Ort aussetzen.

Mit Ausnahme der Balz ist das Verhalten dieser scheuen Amphibien selten zu beobachten. Am Ende der Fortpflanzungssaison verschwinden die erwachsenen Teichmolche von einem Tag auf den anderen; sie verlassen das Wasser, um Nahrung und einen geschützten Unterschlupf zu suchen. Die Larven machen ihre Metamorphose im Wasser durch; dabei bilden sie ihre äußeren Kiemen zurück, entfalten ihre Lungen und bekommen eine dickere Haut. Im Herbst sind sie so weit entwickelt, daß auch sie das Wasser verlassen können.

Molche überwintern in einem sicheren Unterschlupf unter Steinen, hinter der Rinde eines Baumstumpfs oder im Schlamm. Im März werden die Tiere wieder aktiv und kommen aus ihrem Unterschlupf hervor; ihr Geruchssinn leitet sie an einen Weiher.

SCHUTZ FÜR DIE TEICHMOLCHE

Teichmolche brauchen Unterstützung von kenntnisreichen Naturliebhabern, man darf sie jedoch keinesfalls aus ihrem natürlichen Lebensraum entfernen. Fang und Haltung von Teichmolchen sind gesetzlich verboten. Wenn Sie Molche beobachten wollen, suchen Sie sich einen Weiher in Ihrer Nähe. Mit etwas Glück entdecken Sie ein Gewässer, in dem sich zur Fortpflanzungszeit viele Molche versammelt haben.

DIE NATUR BEOBACHTEN

WIE LOCKT MAN MOLCHE IN DEN GARTEN?

- Um Molche anzulocken, legen Sie einen Teich an, der sich als Laichbiotop eignet. Die Tiere werden sich mit ihrer guten Spürnase bald bei Ihnen einfinden.
- Die Weibchen bevorzugen zum Ablaichen bestimmte Pflanzen: Sumpf-Vergißmeinnicht, Wasser- und Bach-Ehrenpreis sowie Wasserstern.
- Die Ufervegetation bietet Molchen geeignete Verstecke. Baumstümpfe, Reisig, Steine und Wurzeln sind wichtig, um die Tiere im Winter vor Frost zu bewahren. Ein idealer Lebensraum besteht aus mehreren Wasserflächen, die durch dichten Pflanzenbewuchs miteinander verbunden sind. Das Ufer sollte leicht geneigt sein und der Teich flache, sonnenbeschienene Bereiche aufweisen, an denen die Molche Nahrung suchen können. Stellen mit weniger Pflanzenwuchs fördern die Balzrituale der Molche, an tieferen Stellen, die im Winter nicht zufrieren, überwintern sie.
- Setzen Sie keine Fische aus, die Amphibienlarven fressen, und reduzieren Sie den Einsatz von Pestiziden in Ihrem Garten.
- Entfernen Sie im Herbst zu üppigen Pflanzenbewuchs und Schlamm vom Teichgrund. Lassen Sie das Material am Ufer liegen, dann können sich eventuelle Schlammbewohner in Sicherheit bringen.

Der Teichfrosch

Teichfrösche können Sie häufig in einem Weiher in Ihrer Nähe beobachten, wenn sie in Flachwasserbereichen in Ufernähe sitzen. Das Besondere an ihnen: Teichfrösche sind entstanden aus der Kreuzung des Kleinen Teichfrosches mit dem Seefrosch.

Der Teichfrosch gehört zur Gruppe der „Grünfrösche", einer kleinen Artengruppe, zu der in Europa auch der Seefrosch und der Kleine Teichfrosch zählen. Treten sie gleichzeitig im selben Gewässer auf, kommt es regelmäßig zu Kreuzungen zwischen Seefröschen und Kleinen Teichfröschen, woraus die Teichfrösche entstehen. Erstaunlicherweise können sich diese Hybriden ihrerseits wieder mit Kleinen Teichfröschen oder Seefröschen kreuzen; als Nachwuchs entstehen dann wieder Teichfrösche.

Stille Refugien

Alle Grünfrösche leben in und am Wasser – in Entwässerungsgräben, Weihern, Altarmen größerer Flüsse mit reicher Vegetation oder an geschützten Seeufern. Ideale Lebensbedingungen bieten die Uferböschungen ruhiger Kanäle, auf denen sich die Tiere sonnen können. Der Teichfrosch hält sich mit Vorliebe in unmittelbarer Nähe des nassen Elements auf. Oft sieht man ihn am Ufer sitzen oder wird auf ihn aufmerksam, wenn er beim geringsten Anzeichen von Gefahr ins Wasser springt. Der Teichfrosch ist eher ans Wasser gebunden als der Grasfrosch, dem man oft weitab vom Wasser begegnet, etwa im Wald oder auf einer feuchten Wiese. Als Nahrungs- oder Fortpflanzungskonkurrenten kommen sich die beiden Arten daher kaum in die Quere.

Am leichtesten entdeckt man den Teichfrosch, wenn die Männchen im Sommer ihre Rufkonzerte veranstalten. Bei näherer Betrachtung fallen der gelbgrüne Kopf und die beidseitigen Schallblasen der männlichen Tiere auf.

Die kalte Jahreszeit verbringt der Teichfrosch in der Regel am Teichgrund oder in schlammigen Gräben. Seine Lebensgeister erwachen erst wieder, wenn das

▲ Mitunter trifft man Teichfrosch (rechts), Kleinen Wasserfrosch (links) und Seefrosch in gemischten Kolonien an. In der folgenden Saison kreuzen sich die Arten; der Nachwuchs besteht dann aus Teichfröschen.

WUSSTEN SIE DAS SCHON?

Die hinteren Gliedmaßen sind die einzigen Körperteile des Frosches, die der Mensch verzehrt. Sie bestehen aus sehr kräftigen Muskeln, die nach Geflügelfleisch schmekken sollen. In einigen Ländern Europas werden auch heute noch häufiger vorkommende Froscharten verzehrt. In Deutschland sind alle Amphibien ausnahmslos gesetzlich geschützt!

▼ Alle Froschmännchen sind im Frühling sehr laut, doch der Teichfrosch bricht mit seinem Schalldruck manchmal sämtliche Rekorde. Mit seinen großen, aufblasbaren Schallblasen produziert er Rufe, die über 100 m weit zu hören sind.

KENNKARTE

Dieser große, markant gezeichnete Frosch ist auf der Oberseite lebhaft grün und schwarz gemustert. Oft findet man auch Tiere mit hellem Rückenstreifen. Die Schnauze ist ziemlich lang und zugespitzt, die Hände sind im Vergleich zu anderen Arten relativ lang.

NAME
Deutscher Name: Teichfrosch
Wissenschaftlicher Name: *Rana* kl. *esculenta*

GRÖSSE
Länge: bis 12 cm

MERKMALE
Körper gefleckt, lebhaft grün mit hell grüngelben Rückenstreifen; Schenkel mit orangefarbenem oder gelblichem Anflug; Männchen an Kopf und Hals gelblicher als Weibchen; Schallblasen weißlich

LEBENSWEISE
Sonnt sich gern zu mehreren an Uferböschungen; sehr laut

FORTPFLANZUNG
Fortpflanzungszeit Mitte Mai bis Juni; Jungtiere verlassen das Wasser im Sommer

NAHRUNG
Wirbellose Tiere

STIMME
Knurrende Quaklaute, meist im Chor vorgetragen

LEBENSRAUM
Weiher und Teiche mit üppiger Vegetation, Gräben, Seeufer

VERBREITUNG
In Mittel- und Osteuropa weit verbreitet; scheint bislang noch nicht akut gefährdet zu sein

VERBREITUNG

Das ganze Jahr anwesend

▶ Die Entwicklung der Kaulquappe des Teichfroschs verläuft in gleicher Weise wie bei anderen Froscharten: Die Gliedmaßen werden ausgestaltet, bevor sich der Schwanz zurückbildet.

Wasser mindestens auf 7 °C erwärmt ist. Dann sucht er das Licht und die Wärme der Sonne, verschwindet aber bei neuerlichen Kälteeinbrüchen sofort wieder unter Wasser. Während der Fortpflanzungszeit bevorzugt er seichtere, von der Sonne erwärmte Wasserbereiche.

Das Froschkonzert

Vor der Partnerwahl werben die Männchen mit lauten Quak-Konzerten um die Gunst der Weibchen, die davon angezogen werden. Die Paare finden sich meist in der üppig bewachsenen Uferregion mit ca. 15 cm Wassertiefe; dort herrscht eine Wassertemperatur von etwa 17 °C. Die Frösche einer Rufkolonie laichen generell alle gleichzeitig ab, oft innerhalb eines Zeitraums von nur wenigen Tagen. Das Hochzeitstreiben dauert bis in die späten Abendstunden; wenn jedoch die Nacht hereinbricht, wird das Konzert rasch beendet. Die Akteure kehren wieder ins tiefere Wasser zurück. Nach der Paarung trennen sich die Frösche, ohne sich um den Nachwuchs zu kümmern.

Der Laich schwimmt auf der Wasseroberfläche und wird von der Sonne erwärmt. Die kleinen schwarzen Kaulquappen, die den Eiern entschlüpfen, unterscheiden sich nicht von denen verwandter Arten. Anfangs ernähren sie sich von Algen, später auch von abgestorbenen Pflanzenteilen und anderen organischen Resten, die sie im Schlamm finden können. Nach 2–3 Wochen – je nach Temperatur und Nahrungsangebot – verwandeln sie sich in kleine Frösche. Sie bleiben in der Nähe ihrer Geburtsgewässer.

Bis die ersten Herbstfröste einsetzen, müssen die jungen Teichfrösche vielerlei Gefahren überstehen: Vögel, Schlangen und Hechte, ja sogar größere Frösche stellen ihnen nach. Schließlich suchen sie die Gesellschaft der erwachsenen Frösche aus dem vorangegangenen Jahr und ziehen sich in die Winterquartiere im schlammigen Teichgrund zurück. Dort fallen sie in die Winterstarre, bis sie die warme Witterung im nächsten Frühjahr wieder zum aktiven Leben erweckt. Die Männchen werden meist schon nach einem Jahr geschlechtsreif, während die Weibchen im allgemeinen zwei Jahre dazu benötigen.

DIE NATUR BEOBACHTEN

WIE LASSEN SICH TEICHFRÖSCHE BEOBACHTEN?

- Warten Sie einen warmen Mai- oder Junitag ab, und suchen Sie dann in Gräben oder Teichen nach den Lurchen.
- Achten Sie im späten Frühjahr auf die Froschkonzerte und das Platschen der Frösche, die Sie am Ufer aufgescheucht haben.
- Nähern Sie sich den Uferzonen mit großer Vorsicht – der Teichfrosch ist sehr wachsam. Am besten beobachten Sie die Tiere aus der Entfernung.

Teichmolch-Männchen
in bunter Wassertracht

Die Erdkröte – eine unbekannte Schönheit

Über die Erdkröte sind allerlei abergläubische Vorstellungen im Umlauf, und es ranken sich viele Fabeln um sie. Manche Menschen halten sie gar für eine mißratene Schwester der Frösche. Für Gärtner mit ökologischem Bewußtsein ist sie hingegen ein gerngesehener Gast.

In Deutschland kennt man fünf verschiedene Krötenarten, von denen die Erdkröte *(Bufo bufo)* nicht nur die größte ist, sondern auch diejenige, der man in freier Natur am ehesten begegnet. Die am nächsten verwandten Arten sind die Kreuzkröte *(Bufo calamita)* sowie die Grüne Kröte oder Wechselkröte *(Bufo viridis)*, deren Verbreitungsschwerpunkt in Osteuropa liegt. Die Erdkröte ist in ganz Mitteleuropa heimisch und in den meisten Gegenden noch immer ziemlich häufig.

Die Erdkröte ist unschwer zu erkennen: Ihre rauhe, trockene und warzige Haut unterscheidet sie von den Fröschen, deren Haut glatt und eher feucht-glänzend ist. Die Grundfärbung ist braun bis olivbraun. Ihr fehlen sowohl die auffälligen grünen Flecken, die die Wechselkröte kennzeichnen, als auch der gelbe Rückenstreif der Kreuzkröte. Die Dicke und Widerstandsfähigkeit ihrer Haut macht Kröten weniger empfindlich für Wassermangel als Frösche. Die Erdkröte kann also auch in relativ trockener Umgebung existieren.

Der ideale Lebensraum

Die Erdkröte laicht in Tümpeln oder Gräben ab, die nicht unbedingt eine große Wasserfläche aufweisen müssen. Erfolgreiche Fortpflanzung ist jedoch nur dann möglich, wenn das Gewässer nicht austrocknet, bevor die Kaulquappen sich bereits in kleine Kröten verwandelt haben. Da es relativ viele Laichbiotope für Erdkröten gibt und die ausgewachsenen Tiere auf ihren Wanderungen nach der Fortpflanzung Strecken von mehreren Kilometern zurücklegen können, ist es kein Wunder, daß man Erdkröten fast überall begegnet – in Wäldern ebenso wie in Gärten, Gebüschen, Mooren und Heidelandschaften. Außerhalb der Fortpflanzungszeit sind sie daher in den verschiedensten Lebensräumen zu beobachten – vorausgesetzt, sie finden geeignete Schlupfwinkel, wo sie sich tagsüber verkriechen können.

◀ Auf dem Weg zum Laichgewässer, in dem die Krötenhochzeit stattfindet, hat ein Erdkröten-Männchen ein Weibchen bestiegen. Das Männchen packt das Weibchen unter den Achseln und umklammert es.

KENNKARTE

An ihrer trockenen, warzigen Haut ist die Erdkröte leicht von anderen häufigen Lurchen wie dem Grasfrosch zu unterscheiden. Ein weiteres Unterscheidungsmerkmal ist die Fortbewegungsart: Der Frosch bewegt sich meist hüpfend, während die Kröte läuft oder kriecht. Die Erdkröte ist von allen mitteleuropäischen Krötenarten am besten an verhältnismäßig trockene Lebensräume angepaßt. Wenn sie ihren Unterschlupf verläßt und auf Nahrungssuche geht, verhindert ihre dicke Haut eine zu schnelle Austrocknung.

● NAME
Deutscher Name: Erdkröte
Wissenschaftlicher Name: *Bufo bufo*

● GRÖSSE UND GEWICHT
Länge: bis 15 cm
Gewicht: 20–30 g (Männchen);
30–50 g (Weibchen)

● MERKMALE
Körper kräftig, untersetzt; Maul eher abgerundet als spitz (im Unterschied zum Grasfrosch); Haut warzig, dunkel, ohne gelben Rückenstreif wie bei der Kreuzkröte; Männchen kleiner als Weibchen, mit dicken Brunftschwielen an den Daumen

● FORTPFLANZUNG
Im März/April Wanderung zu den Laichgewässern; Metamorphose der Kaulquappen im Juni, danach verlassen die jungen Kröten das Wasser; eine Laichschnur kann bis zu 4000 Eier enthalten.

● LEBENSRAUM
Während der Fortpflanzungsphase (März bis Juni) in Weihern, Gräben, Tümpeln und Seen; sonst auf dem Land, etwa in Wäldern, Heckenlandschaften, in Gärten und auf Ödland

● VERBREITUNG
Die Erdkröte kommt in ganz Europa vor (ausgenommen die meisten Mittelmeerinseln sowie Irland). Sie ist in Deutschland geschützt.

▲ **Obwohl sie am liebsten kriecht oder gemächlich läuft, kann die Erdkröte auf ihren Wanderungen auch relativ weite Sprünge ausführen. Für mehr als zwei oder drei Sprünge hintereinander fehlt ihr allerdings die Kraft.**

▲ **Bei diesen jungen Kröten haben sich gerade die letzten Reste des Kaulquappenschwanzes zurückgebildet, sie sind nun fertige Lurche. Im Vergleich zu gleichaltrigen Grasfröschen sind sie dunkler und zierlicher.**

◀ **Viele Erdkröten werden auf dem Weg zu ihren Laichgewässern überfahren. Auf die Wanderung weisen Verkehrsschilder und Verkehrsfunk hin. An besonderen Brennpunkten errichtet man Unterführungen und Zäune zum Schutz der Lurche.**

Verbreitung

Das ganze Jahr anwesend

Die Erdkröte in Deutschland

Die warzige Haut der Erdkröte ist olivbraun. Bei manchen Tieren ist der Grünton stärker ausgeprägt, andere sind dunkler braun.

Die kupferfarbenen Augen der Erdkröte leuchten im Lichtstrahl der Taschenlampe und erleichtern die Krötensuche bei Nacht.

Nachts machen sie Jagd auf verschiedene wirbellose Tiere, wie Insekten, Spinnen, Würmer und Schnecken. Zu Beginn der kalten Jahreszeit suchen sie ein sicheres, vor Frost geschütztes Winterquartier, das meistens tiefer im lockeren Boden liegt als das sommerliche Tagesquartier. Häufig überwintern die Kröten in verlassenen Mäusenestern oder in Hohlräumen unter umgestürzten Bäumen und Baumstümpfen. In dieser Zeit verirren sie sich nicht selten in feuchte Kellerschächte.

Landleben

Außerhalb der Fortpflanzungszeit leben Erdkröten an Land. Sie zu entdecken ist nicht immer einfach, da sie nachtaktiv sind. Allerdings kommt es immer wieder vor, daß sich die Tiere auch tagsüber aus ihren Schlupfwinkeln hervorwagen, vor allem nach kräftigen Regenfällen. Wer sonst partout kein Glück hat, kann die Kröten vielleicht unter Steinen oder Totholz finden. Mit größerer Wahrscheinlichkeit wird man die Tiere im Schein der Taschenlampe auf nächtlichen Streifzügen in Wald und Flur oder sogar im eigenen Garten entdecken, insbesondere bei feuchter oder nasser Witterung. Da ihre kupferfarbenen Augen das Lampenlicht reflektieren, sind die Kröten dann sogar relativ leicht auszumachen.

NAHRUNG UND ERNÄHRUNGSWEISE

Die Erdkröte kann enorm viel fressen. Sie erbeutet Kleintiere aller Art, beispielsweise Nackt- und Gehäuseschnekken, Regenwürmer, Käfer oder Raupen. Tagsüber erkennt sie ihre Beute an deren Bewegungen, packt sie in raschem Vorstoß und verschlingt sie sofort. Hat sie einen Regenwurm erbeutet, streift sie mit den Händen die anhaftende Erde ab, bevor sie ihn verzehrt. Bei größeren Beutetieren und solchen, die sich wehren, hilft sie bisweilen mit den Händen nach. Da Kröten außerhalb der Fortpflanzungsperiode meist nachtaktiv sind, setzen sie bei der Nahrungssuche vermutlich auch andere Sinne ein als den Gesichtssinn. Ob Kröten im Wasser etwas zu sich nehmen, ist fraglich. Vermutlich sind sie viel zu sehr von Partnersuche und Laichgeschäft beansprucht.

▲ Die Erdkröte hat meist einen gesunden Appetit. In der Regel frißt sie alles, was sich bewegt und verschlungen werden kann, wie diesen Regenwurm.

▶ Anders als Frösche produzieren Erdkröten ihren Laich in langen Schnüren, die das Weibchen meistens um Wasserpflanzen wickelt. Die schwarzen Eier sind wie Perlen in einer Doppelreihe angeordnet.

Hochzeitsgesellschaft

Anfang März, wenn die Lufttemperatur mehrere Tage hintereinander auf über 7 °C steigt, geben die Kröten, die sich lange in Winterstarre befunden haben, die ersten Lebenszeichen von sich. Sie kommen aus dem Unterschlupf hervor und machen sich auf den Weg zum Wasser; das bedeutet üblicherweise, daß sie den Tümpel oder Teich aufsuchen, in dem sie selbst das Licht der Welt erblickt haben. Je näher sie dem Wasser kommen, desto mehr neigen sie dazu, die gleichen Wege zu benutzen wie in den Jahren davor.

Die meisten Kröten wandern während der Dunkelheit zu ihren Laichplätzen; bereits auf dem Weg dorthin ziehen die größeren Weibchen die Aufmerksamkeit der zahlreichen Männchen auf sich. Diese versuchen, auf den Rücken der Weibchen zu klettern und sich so in „Huckepackstellung" zum Laichplatz tragen zu lassen. Doch das zunächst erfolgreiche Männchen muß den begehrten Sitzplatz gegen seine Konkurrenten verteidigen, und spä-

◀ Das Krötenmännchen ist eindeutig der kleinere Partner, während der Paarung umklammert es sein Weibchen sehr fest.

▲ Die Vorderbeine der Kaulquappe erscheinen nach den Hinterbeinen, der Schwanz bildet sich im Laufe der Metamorphose zurück.

testens, wenn ein freies Weibchen die Wasserfläche erreicht hat, entstehen tumultartige Szenen, denn oft stürzen sich mehrere Männchen auf die Auserwählte, um sie zu umklammern. Diese hat oft ihre liebe Not, nicht zu ersticken. Das Männchen, das schließlich als Sieger im Streit um die Gunst des Weibchens hervorgeht, umklammert nun die Partnerin in einer festen Umarmung, die als „Amplexus" bezeichnet wird. Am Daumen besitzen die Männchen sogenannte „Brunftschwielen", mit denen sie sich unter den Achseln des Weibchens festklammern. In dieser Stellung verharren sie bis zur Eiablage, was mitunter mehrere Tage dauern kann.

Die Hochzeit der Kröten ist von Lautäußerungen begleitet, durch die man tagsüber auf deren Paarungsgesellschaften aufmerksam wird. Jedes der Paare sucht für die Eiablage eine Zone des Gewässers auf, die reichlich Wasserpflanzen wie Schilf oder Binsen aufweist. Die Weibchen setzen ihren Laich in langen Schnüren ab und schwimmen währenddessen um die Pflanzen herum, so daß sich die Schnüre dort herumwickeln und nicht zum kalten Gewässergrund absinken. Das „Huckepack"-Männchen besamt die Eier außerhalb des weiblichen Körpers.

Von der Kaulquappe zur Kröte

Die Entwicklung der Kaulquappen hängt von der Wassertemperatur ab. Meistens schlüpfen sie nach etwa vierzehn Tagen aus den Eiern und sind dann bereits als Kaulquappen erkennbar. In dieser Phase haften ihnen nicht selten noch Reste von Dotter und Laichschnur an. Krötenlarven sind dunkler als die Kaulquappen des Grasfroschs, entwickeln sich aber nach dem gleichen Schema: In der Anfangsphase bilden sich äußere Kiemen, die bald wieder verschwinden. Zunächst entstehen die hinteren Gliedmaßen, später erst die vorderen. Zum Schluß verschwindet der Schwanz allmählich. Nach etwa 70–80 Tagen ist die Metamorphose beendet, die jungen Kröten verlassen das Wasser etwa zu Sommeranfang und suchen in der umgebenden Vegetation nach einem geeigneten Unterschlupf.

▼ Zum Überwintern sucht die Erdkröte einen geschützten Schlupfwinkel, beispielsweise ein Erdloch. Gegen Ende des Winters merkt sie an den langsam steigenden Außentemperaturen, daß es Zeit ist, das Quartier zu verlassen.

▶ Wenn sich die Erdkröte während des Sommers in trockeneren Gebieten aufhält, sucht sie tagsüber eine schattige Zuflucht, etwa einen hohlen Baum. Bei Einbruch der Nacht verläßt sie ihren Unterschlupf, um Nahrung zu suchen.

Verteidigung und Drohgebärden

Dank verschiedener giftiger Substanzen, die von der rauhen, warzigen Haut produziert werden, ist die Erdkröte für eine ganze Anzahl potentieller Freßfeinde ungenießbar. Darüber hinaus gibt es aber auch bestimmte Verhaltensweisen, mit denen sich Kröten im Ernstfall verteidigen können. Wird eine Kröte beispielsweise von einer Ringelnatter bedroht, pumpt sie ihre Lungen voll Luft und richtet sich auf ihren Vorderbeinen hoch auf. So wirkt sie viel gefährlicher und größer, als sie in Wirklichkeit ist – häufig wird sich der Freßfeind dann nach einer weniger bedrohlichen Beute umsehen.

Die Sterblichkeitsrate der Erdkröten ist recht hoch, wobei der Mensch heutzutage ihr größter Feind ist. Zahlreiche Kröten sterben auf den Straßen, die sie auf dem Weg zu ihren Laichplätzen überqueren müssen, unter den Autorädern. Mancherorts werden daher Krötenzäune gebaut, um die Tiere sicher zu eigens angelegten Unterführungen zu geleiten. Zusätzlich sammeln Tierschützer die Kröten vor den Zäunen ein und tragen sie auf die andere Straßenseite.

Weitere Gefährdungen ergeben sich aus der Verschmutzung und Vernichtung der Laichgewässer und durch den Einsatz von Kunstdünger und Pflanzenschutzmitteln, die die Gewässer und den Lebensraum vergiften. Aber auch durch den Rückgang ihrer Beutetiere sind Erdkröten bedroht.

Giftige Gelbbauchunke

Gelbbauchunken leben in Flüssen, Bächen und Teichen. Typisch sind ihre klangvollen Rufe „uuu - uuu - uuu", die in Abständen von etwa 1 Sekunde ertönen und die von den Männchen vor allem zur Paarungszeit geäußert werden. Die Art ist bei uns von der Ebene bis in die Mittelgebirgslagen Mittel- und Süddeutschlands verbreitet. Der Lebensraum der Gelbbauchunken muß vielfältig sein. Ihre Laichgewässer sind meist flach und klein, wodurch sie sich schnell erwärmen. An Land besiedeln sie offene Bereiche, dort verstecken sie sich unter totem Holz, Steinen oder in Felsenspalten; sie kommen aber auch an Waldrändern vor.
Bei Gefahr drohen die Unken mit ihrer gelbschwarzen Warnfarbe. Wenn das nicht hilft, geben sie einen giftigen Schleim ab. Spätestens dann läßt der Angreifer los. Das Hautgift der Unken ist wesentlich stärker als beispielsweise das von Feuersalamander oder Erdkröte. Gelbbauchunken stehen bei uns auf der Roten Liste der gefährdeten Tierarten, weil ihre Laichgewässer rar werden.

▶ Die Gelbbauchunke wird bis zu 5 cm lang. Sie lebt in Flüssen, Bächen, Teichen. Bekannt ist ihr klangvoller Ruf „uuu–uuu–uuu". Die Unken schützen sich mit giftigem Schleim vor ihren Feinden.

Tauchender Fischotter
mit erbeutetem Fisch

Wasserspitzmaus verzehrt Regenwurm

DIE SÄUGETIERE

Auch die Säugetiere sind zahlreich an den Ufern unserer Süßgewässer vertreten. Seien Sie zu Gast bei den unermüdlich arbeitenden Bibern, oder beobachten Sie das rastlose Tun der kleinen Wasserspitzmaus.

Die Rückkehr der Biber

In prähistorischer Zeit waren die Biber in ganz Europa verbreitet. Aber in den letzten Jahrhunderten wurden sie gnadenlos gejagt und stark dezimiert. Mittlerweile gibt es mehrere Ansiedlungsprojekte für die Rückkehr des größten europäischen Nagetieres.

Als die Römer über die Alpen nach Germanien einfielen, fanden sie Biber im Überfluß vor. Bei archäologischen Ausgrabungen stieß man immer wieder auf Biberknochen. Im Mittelalter verwandelten dann die Mönche den „Meister Bockert" wegen seines Schwanzes kurzerhand in einen Fisch, so daß er ihnen als Fastenspeise dienen konnte.

Denn bedauerlicherweise sind Biber leicht zu fangen, ihr Fleisch ist begehrt und ihre Haut gesucht. Außerdem haben sie unter dem Schwanz eine Drüse, die eine ölige Flüssigkeit, das „Bibergeil", ausscheidet, welches zu medizinischen Zwecken genutzt wurde. Über Jahrhunderte hinweg wurden die Biber zu allen Jahreszeiten gnadenlos gejagt und waren im letzten Jahrhundert in Europa praktisch ausgestorben. Die letzten Biber lebten noch in Südfrankreich, in Norwegen und an der Elbe. Seit einigen Jahren werden von der Elbe ausgehend mehrere Aussiedlungsprogramme durchgeführt. In Niedersachsen, Brandenburg und Bayern waren sie recht erfolgreich, aber gesichert ist die Existenz des Bibers in Deutschland noch lange nicht. 1956 hat man die Biber in der Schweiz erfolgreich wieder eingeführt. Man fing Tiere in Südfrankreich und ließ sie in der Nähe von Genf frei. Auch in England gab es Aussiedlungsprojekte, aber die meisten Tiere fielen dem Straßenverkehr zum Opfer. Die restliche Population war zu klein, und so scheiterte dieses Projekt.

LEBENSRAUM DER BIBER

Biber brauchen langsam fließende Flüsse, möglichst weniger als 10 m breit und begleitet von einem Gehölzsaum oder Auwald, der mindestens 100 m breit sein sollte. Nur selten entfernen sich die Tiere über 60 m vom Gewässerrand; so werden sie nur dort zur Plage für die Landwirtschaft, wo die Nutzflächen zu nah am Ufer angelegt sind.

Biber sind reine Pflanzenfresser. Sie verzehren vor allem Rinde, aber auch Gräser, Kräuter und die Blätter von Wasserpflanzen. Untersuchungen haben er-

SORGENKIND ...

Mehrere europäische Länder haben schon versucht, den Biber wieder anzusiedeln. In manchen war es ein Mißerfolg wie in England, andere Länder wie Deutschland, die Schweiz und Rußland verzeichnen zumindest einige Erfolge. Die größte Gefahr bei der Wiederansiedelung liegt darin, daß die Tiere möglicherweise verhungern können. Deshalb müssen die Programme sorgfältig vorbereitet werden und in Regionen stattfinden, die weiträumig genug sind und das ganze Jahr über ausreichend Nahrung für die Biber bieten.

▼ Obwohl die Biber große Mengen Baumrinde fressen, befinden sie sich fast immer im Wasser. Diese Lebensweise bietet ihnen Sicherheit vor ihren Feinden, die ihnen auf festem Boden gefährlich werden könnten.

KENNKARTE

Der Biber ist das größte Nagetier Europas und lebt in von Wald umgebenen Gewässern. Er ernährt sich von einer Vielzahl von Pflanzen. Im Winter schält er die Rinde der Bäume. Biber stehen auf der Roten Liste der gefährdeten Tierarten.

● NAME
Deutscher Name: Europäischer Biber
Wissenschaftlicher Name: *Castor fiber*

● GRÖSSE UND GEWICHT
Länge: von Kopf bis Schwanz 75–90 cm
Gewicht: bei ausgewachsenen Tieren manchmal über 30 kg

● MERKMALE
Braungelbes bis fast schwarzes Fell, meist aber rotbraun; flaches Maul, kurze Füße, kleine Augen und Ohren; langer, abgeflachter und breiter Schwanz; die hinteren Pfoten weisen Schwimmhäute auf, die vorderen ohne Schwimmhäute haben fünf Zehen.

● LEBENSWEISE
Vorzugsweise nachtaktiv, fast ständig im Wasser

● BAU
Normalerweise sehr groß; Kessel unter dem Wasserspiegel

● FORTPFLANZUNG
Geschlechtsreif mit 3 Jahren, ein Wurf mit jährlich etwa 3 Jungen

● JUNGE
Sehen wie die Eltern aus

● NAHRUNG
Reine Vegetarier: Blätter, Kräuter und Rinde von am Wasser stehenden Bäumen

● STIMME
Meist still, lediglich bei Auseinandersetzungen kommt es zu einem Pfeifen; schlägt zur Kommunikation mit anderen Bibern mit dem Schwanz aufs Wasser

● LEBENSRAUM
Randzonen kleiner fließender Gewässer und Seen

● VERBREITUNG
In Deutschland leben derzeit über 5000 Biber.

● SPUREN
Schwarzer, weicher Kot; Abdruck der mit Schwimmhäuten versehenen Pfote ist bis zu 15 cm lang; angenagte Bäume, geschälte Äste, abgeknabberte Rinde

▲ Der Biber fällt Bäume mit einem Durchmesser von bis zu 50 cm, indem er sie rundherum abnagt. Dabei hinterläßt er einen spitzen Baumstumpf.

Verbreitung

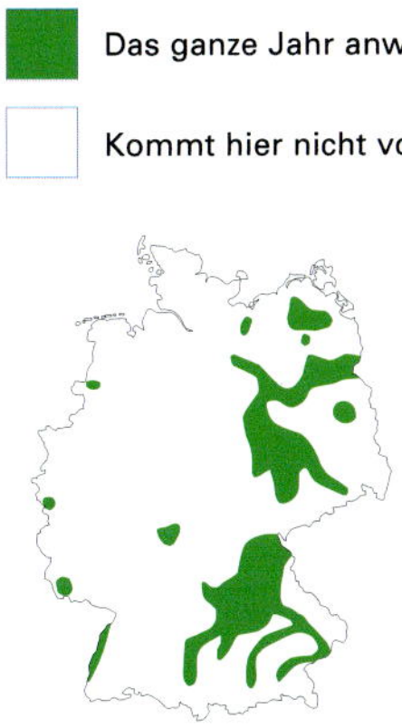

geben, daß auf dem Speiseplan der großen Nagetiere über 300 verschiedene Pflanzen stehen können – sie sind also in ihrer Nahrungswahl alles andere als einseitig. Im Winter gehen sie dazu über, saftige Rinde von jungen Bäumen zu schälen, vor allem von Espe (Zitterpappel), Weide und Schwarzpappel, weniger gern von Birke oder Erle. Diese Baumarten sind in vielen Gebieten nicht allzu selten und verkraften in der Regel den Aderlaß durch den pelzigen Holzfäller. Dieser „arbeitet" in aufrechter Haltung, auf die Hinterbeine und den Schwanz gestützt. Mit seinen überaus kräftigen Nagezähnen schneidet er den Baum etwa 50 cm über dem Grund in der bekannten Sanduhrform an. Das Fällen von Bäumen, die bis zu 50 cm dick sein können, geschieht aus dem einfachen Grund, um die schmackhaften Blätter, Triebe und Zweige der Baumkrone zu erreichen, da der Biber nicht klettern kann. Die Nager hor-

▶ Die jungen Biber kommen nackt und mit offenen Augen zur Welt. Trotz ihrer Zähne verletzen sie ihre Mutter beim Saugen nicht. Die Mutter legt sich auf die Seite, um den Kleinen das Saugen zu erleichtern.

VERWANDTER DES BIBERS

Die Nutria *(Myocastor coypus)*, auch Biberratte oder Sumpfbiber genannt, ist ein großes Nagetier von 40–60 cm Länge mit einem drehrunden, rattenähnlichen Schwanz. Sie lebt wie der Biber an Flüssen und Seen und gräbt in der Uferzone einen Bau, dessen Eingänge teilweise unter Wasser liegen. Dieses Nagetier stammt ursprünglich aus Südamerika; in verschiedenen Ländern Europas wird die Art bereits seit langem als Pelztier gehalten, in Deutschland begann man in den 1930er Jahren mit dem Aufbau von Zuchtbetrieben. Seither gelangten immer wieder Nutrias in die Freiheit, wo sich in geeigneten Lebensräumen bald freilebende Bestände etablieren konnten. Während kalte Winter in Mitteleuropa immer wieder zu großen Verlusten unter den Neubürgern führen, konnten sich die Neuweltnager in wärmeren Gebieten, beispielsweise in England oder in Südfrankreich, zu einer wahren Landplage entwikkeln. Im Gegensatz zum Biber, der nur einmal im Jahr Junge hat, bringen Sumpfbiber teilweise zweimal im Jahr bis zu zwölf Junge zur Welt, die ihrerseits innerhalb weniger Monate zur Geschlechtsreife heranwachsen.

▲ Die aus Südamerika stammende Nutria hat ähnliche Lebensraumansprüche wie der Biber und lebt heute ebenfalls an einigen Flüssen in Mitteleuropa.

▶ Der Sumpfbiber wirft bis zu dreimal im Jahr zwischen zwei und zwölf Junge. Sie kommen wie junge Meerschweinchen voll behaart, lauffähig und mit offenen Augen zur Welt.

▲ Biber besitzen am Hinterleib Hautsäcke, die das Bibergeil produzieren. Mit der Substanz wurden früher Hysterie und Krämpfe behandelt. Um das begehrte Sekret zu erhalten, wurden Biber gnadenlos gejagt.

▲ Im Winter benagen die Biber mit ihren kräftigen Schneidezähnen die Rinde von Bäumen. Ein einziger Biber kann in fünf Minuten einen 8 cm dicken Baum umlegen; eine Biberfamilie fällt jeden Winter etwa 300 Bäume.

▶ Biber legen sich aus den Zweigen von Pappeln und anderen Laubbäumen einen Wintervorrat an, den sie im Wasser aufheben, denn kaltes Wasser konserviert den Nährwert der Rinde.

ten unter Wasser oft große Mengen an geernteten Zweigen, um sich davon während des Winters zu ernähren. Da Biber kaum Nadelzweige zu sich nehmen, machen sie sich in den meisten Wirtschaftswäldern nicht negativ bemerkbar.

KLEINER BRUDER

Der Europäische Biber *(Castor fiber)* legt normalerweise nicht so große Dämme an wie sein nordamerikanischer Vetter, der Kanadische Biber *(Castor canadensis)*. Dort ist der Biber nach dem Menschen der zweitwichtigste Gestalter weiter Landstriche, möglicherweise wird er deshalb von den Indianern „Kleiner Bruder“ genannt. Er kann durch die Anlage von Dämmen weite Gebiete unter Wasser setzen und entsprechend seinen Bedürfnissen umgestalten. So sind die großen Feuchtgebiete im Norden Nordamerikas neben der Fraßtätigkeit des Elchs vor allem vom Wirken des Bibers geprägt. In Europa spielen dagegen von Bibern verursachte Überschwemmungen eine vergleichsweise geringe Rolle. Auch die Umleitung von Flüssen, die von den kanadischen Verwandten bewerkstelligt wird, ist bei uns kein Thema. Es kommt

▼ **Die Augen des Bibers befinden sich hoch am Kopf, damit die Tiere beim Schwimmen die Umgebung beobachten können. Sie tauchen meist 6–7 Minuten, bevor sie wieder atmen müssen. Ein Biber kann bis zu einer viertel Stunde unter Wasser bleiben.**

▲ **Die Biber leben in kleinen Familienverbänden von 5–8 Tieren. Dringt ein Mitglied aus einer anderen Gruppe in das Revier ein, kann es zum Kampf kommen, wobei die Tiere miteinander raufen, sich beißen und mit dem Schwanz auf das Wasser schlagen.**

höchstens vor, daß in kleinen Bächen, deren Wasserstand während der Sommermonate niedrig ist, ein Biberdamm die Wanderung der Fische behindert. Dennoch gibt es gebietsweise Konflikte mit der Landwirtschaft, wenn Biber plötzlich in Gegenden auftauchen, die seit langer Zeit biberfrei waren. Dort können partiell überschwemmte Felder oder eingebrochene ufernahe Wege den Zorn der Landwirte entfachen. Gebietsweise setzt man dann sogenannte Biberbeauftragte ein, die mit den betroffenen Landwirten nach Lösungen suchen, indem sie über die Lebensweise der „Neubürger" aufklären, Tips zur Entschärfung der Konflikte geben oder sich für Ausgleichszahlungen für die Geschädigten einsetzen. In besonders schwierigen Fällen werden die Biber gefangen und in einem Gebiet, in dem keine Schäden zu befürchten sind, wieder ausgesetzt.

Die Anlage von Biberdämmen stellt vielfach eine Bereicherung für die Natur dar, denn durch den Aufstau des Wassers nimmt die Artenvielfalt der Wasserpflanzen zu. Davon profitieren nicht nur viele im Wasser lebende Tiere wie Lurche und Fische, sondern auch Vogelarten wie der Eisvogel. In den Oberläufen der Flüsse stellen vom Biber angelegte Stillwasserbereiche wichtige Nahrungs- und Ruhezonen für seltene Fischarten und deren Brut dar. Die Stautätigkeit verlangsamt außerdem die Fließgeschwindigkeit und reduziert dadurch die Gefahr der Ufererosion. Bei starken Regenfällen können Biberdämme im Oberlauf dazu beitragen, die Gefahr von plötzlichen Flutwellen zu verringern. So können die großen Nagetiere mit ihrer „Arbeit" dazu beitragen, die zerstörerischen Auswirkungen eines Hochwassers auf Siedlungen und Ackerflächen zu vermeiden.

In den von Bibern angelegten Wasserbecken können sich Gifte und Nährstoffe, die aus dem Ackerland stammen, absetzen; auf diese Weise verhindern sie, daß die Qualität des Flußwassers beeinträchtigt wird.

FAMILIENLEBEN

Biber leben in Familienverbänden, denen die Jungtiere so lange angehören, bis sie sich ein eigenes Revier suchen. Jede Familie, die etwa 5–8 Mitglieder umfaßt, besetzt und verteidigt ein eigenes Territorium, das sich je nach Lebensraumqualität von mehreren 100 m bis zu 4 km entlang des Ufers erstreckt. Generell pflanzt sich nur das älteste Weibchen der Gruppe fort. Junge Biber werden erst mit 2–3 Jahren geschlechtsreif. So vermehren sich die Tiere nicht übermäßig.

Europäische Biber bauen Dämme und Wohnhöhlen aus Ästen nur in eher ungünstigen Lebensräumen, in artgerechter Umgebung leben sie dagegen überwiegend in Höhlungen, die sie in der Uferböschung angelegt haben. Deren Eingänge liegen stets unter Wasser, so sind sie vor Freßfeinden bestens geschützt und laufen nicht Gefahr, ihren Unterschlupf an andere Tiere zu verlieren. Der Unterwassergang steigt zum Ufer hin an, das Nest am Ende der Röhre befindet sich folglich etwa 0,5 m über dem Wasserspiegel, denn auch Biber mögen es in ihrem Bau gerne trocken.

DIE NATUR BEOBACHTEN

WO KANN MAN BIBER BEOBACHTEN?

- Biber haben mehrere Flüsse bei uns zurückerobert, z. B. Donau und Inn sowie deren Zuflüsse. Nur an der Elbe haben Reste der ursprünglichen Population überlebt.
- Mehr über Bibervorkommen erfahren Sie bei Naturschutzverbänden oder Vogelschutzvereinigungen.

◀ **Biber tauchen sehr gut und schwimmen unter Wasser zu ihren Baueingängen. Dabei dienen ihnen die mit Schwimmhäuten versehenen Hinterfüße als Antriebspaddel, während sie die Vorderbeine eng an den Körper anlegen.**

Die Wasserspitzmaus

Die Wasserspitzmaus bewohnt gleichermaßen stehende wie fließende Gewässer; sie ist eines der wenigen giftigen Säugetiere, die in Mitteleuropa vorkommen. Allerdings wird ihr Gift nur kleinen Fischen und Fröschen gefährlich.

Gräben und Bäche mit klarem Wasser, aber auch naturnahe Weiher sind die Lebensräume, in denen sich die Wasserspitzmaus wohl fühlt. Ständig ist das lebhafte Tier auf Nahrungssuche, unzählige Male huscht es zwischen Land und Wasser hin und her. Im Gegensatz zu anderen Spitzmäusen ist sie ein amphibisches Lebewesen. Eine Reihe von Merkmalen belegt ihre Anpassung an das Leben im Wasser: Ihr Schwanz ist auf der Unterseite mit einem Kiel aus Borstenhaaren besetzt und dient beim Schwimmen als eine Art Steuerruder. Die Vorder- und Hinterfüße, aber auch alle Zehen, tragen ebenfalls einen seitlichen Borstensaum. Die Spitzmaus kann dem Wasser trotz fehlender Schwimmhäute einen recht großen Widerstand entgegensetzen, denn bei jedem Schwimmstoß schließen sich durch den Borstensaum die Zehenzwischenräume. Dank dieser anatomischen Besonderheiten kann die Wasserspitzmaus deutlich besser schwimmen als ein vergleichbarer Kleinsäuger, dem diese Haarborstensäume fehlen. Unter Wasser sind vor allem die Hinterfüße für den Vortrieb verantwortlich, mit ihrer Hilfe kann die Wasserspitzmaus über 70 cm tief tauchen.

Durch den Wasserdruck steigen während des Tauchens ständig Luftblasen hoch, die die Wasserspitzmaus in ihrem Fell mit unter Wasser genommen hat, und hinterlassen eine „Schleppe“ aus silbrigen Bläschen. Etwas Luft bleibt im Fell gefangen und glitzert, als sei der Körper mit einer Silberschicht überzogen. Die eingeschlossene Luft erhöht den Auftrieb des Körpers, weshalb die Tauchgänge stets mit einiger Anstrengung verbunden sind. Sobald die Spitzmaus ihre Paddelbewegungen einstellt, steigt sie wie ein Korken an die Oberfläche. Um das zu vermeiden, schlüpft sie manchmal für kurze Zeit unter einen Stein oder zwischen Wasserpflanzen.

Betrachtet man diese effektiven Anpassungen an das Leben im Wasser und am Ufer, ist es erstaunlich, daß man der Was-

FELLPFLEGE

Das Fell der Wasserspitzmaus ist wasserabstoßend, so daß ihre Haut selbst beim Tauchen nicht naß wird. Wenn sie wieder ans Ufer klettert, z. B. um ihre Beute zu verspeisen, schüttelt sie sich zunächst die Wassertropfen aus dem Fell. Dann putzt sie sich sorgfältig, damit die Haare nicht verkleben, und kriecht in ihren Bau oder unter Pflanzen, um das Fell zu glätten und restliche Wassertropfen oder anhaftenden Schmutz abzustreifen. Die sorgfältige Fellpflege ist für die Wasserspitzmaus lebenswichtig, denn nur ein intaktes Haarkleid bewahrt die isolierende Luftschicht, die dafür sorgt, daß die Körpertemperatur auch in eiskaltem Wasser nicht gefährlich absinkt.

▼ Am Ufer eines langsam fließenden Bachs mit klarem Wasser sucht eine Wasserspitzmaus nach Beutetieren. Zwischen den Wasserpflanzen leben zahlreiche Kleintiere, denen die Spitzmaus nachstellt.

KENNKARTE

Die Wasserspitzmaus ist die größte Spitzmaus Europas und auf einzigartige Weise an das Leben im Wasser angepaßt. In der Regel bleibt sie in Gewässernähe. Das überwiegend nachtaktive Tier geht vor allem vor Beginn der Morgendämmerung auf Nahrungssuche.

NAME
Deutscher Name: Wasserspitzmaus
Wissenschaftlicher Name: *Neomys fodiens*

GRÖSSE UND GEWICHT
Länge: Kopf-Rumpf 65–95 mm; Schwanz 45–75 mm; Ohren ca. 4 mm
Gewicht: 12–18 g; trächtige Weibchen wiegen bis zu 10 g mehr.

MERKMALE
Fell auf der Oberseite glänzend schwarz, auf der Unterseite weiß; Ohren oft mit weißen Spitzen; Haarborstensaum auf der Schwanzunterseite sowie an den Füßen und Zehen

LEBENSWEISE
Sehr lebhaft und ständig in Bewegung; sucht im Wasser, im Gras und in der Krautschicht nach Nahrung; schwimmt und taucht geschickt; außerhalb der Paarungs- und Säugezeit Einzelgänger

NEST
Unterirdischer, weitverzweigter und mit Gras ausgepolsterter Bau

FORTPFLANZUNG
April bis September; 3 Würfe mit im Durchschnitt 6, manchmal auch mehr Jungen

JUNGE
Fell oben matt schwarzbraun, auf der Unterseite elfenbeinfarben; verlassen das Nest nach ungefähr 6 Wochen

NAHRUNG
Flohkrebse, im Wasser lebende Insektenlarven, kleine Schlammschnecken, Insekten, Würmer und andere Wirbellose; hin und wieder auch kleine Fische und junge Frösche

STIMME
In der Regel stumm, stößt jedoch bei Störungen oder Ärger hohe spitze Rufe aus

LEBENSRAUM
Bäche, Seen und Teiche mit sauberem Wasser, manchmal auch in Wäldern oder unter Hecken in Wassernähe; in Schottland auch auf Kiesstränden

VERBREITUNG
In Europa weit verbreitet, aber nicht häufig; seltener als andere Spitzmäuse

SPUREN
Winzige schwarze Kotspuren und Trittsiegel im Schlamm, die jedoch ohne Lupe kaum zu erkennen sind

► Die Wasserspitzmaus hat sich auf den Hinterfüßen aufgerichtet, um die Gerüche in der Luft zu testen. Nimmt sie einen Artgenossen wahr, stößt sie für Menschen kaum hörbare, hochfrequente Kontaktlaute aus.

GESCHÜTZTE ART!

Alle Spitzmausarten sind in Deutschland streng geschützt. Auch Wasserspitzmäuse dürfen nicht ohne Ausnahmegenehmigung gefangen werden.

VERBREITUNG

serspitzmaus auch weit entfernt von Seen, Bächen und anderen Gewässern begegnen kann. Man trifft die Tiere mitunter sogar an Sandstränden, wo sie Jagd auf Strandflöhe und andere Kleinlebewesen machen, die dort oft in Massen auftreten. Auch in Wald- und Heidegebieten sowie im Gebirge werden gelegentlich Wasserspitzmäuse festgestellt, oft mehrere Kilometer vom nächsten Wasserlauf entfernt. Möglicherweise sind diese Beobachtungen zufällig und betreffen Tiere, die gerade unterwegs sind von einem Feuchtbiotop zum nächsten. Dennoch ist die Bewältigung größerer Strecken für ein so kleines Tier bemerkenswert.

LANDLEBEN

Die Wasserspitzmaus kann längere Zeit außerhalb des Wassers und seines Nahrungsangebots überleben. Abseits von Gewässern jagt sie praktisch die gleichen Beutetiere wie die nah verwandte, aber kleinere Waldspitzmaus – insbesondere Spinnen, Würmer und kleine Käfer. Da die Wasserspitzmaus aber deutlich größer ist, hält sich die Konkurrenz, die zwischen beiden Arten besteht, in Grenzen. Zudem gibt es in vielen Lebensräumen reichlich Beutetiere, so daß beide Arten ohne weiteres nebeneinander vorkommen – allerdings einander nicht zu nahe kommen, da Spitzmäuse generell unverträglich sind.

Die Wasserspitzmaus ist leicht zu bestimmen. Ihre Seltenheit läßt sich daher nicht auf die Unaufmerksamkeit der menschlichen Beobachter zurückführen. Das ausgewachsene Tier ist mit seinem glatten, schwarz glänzenden Rücken und dem damit kontrastierenden weißen, zur Mitte hin gelblichen Bauch sehr ansprechend. Typisch ist auch der weißliche Fleck hinter dem Auge. Der Schwanz weist wie der Körper eine dunkle Ober- und eine weißliche Unterseite auf.

Die Wasserspitzmaus ist das ganze Jahr über aktiv, doch setzen ihr harte Winter bisweilen stark zu. Sind die Gewässer mehrere Tage oder gar Wochen lang zugefro-

EIN GIFTIGER BISS

Die Wasserspitzmaus kann Tiere bis zur Größe von Molchen, Fröschen oder kleinen Fischen töten. Untersuchungen haben ergeben, daß ihr Speichel eine giftige Substanz enthält, die es der Spitzmaus ermöglicht, selbst verhältnismäßig große Tiere zu überwältigen. Dazu beißt sie ihre Opfer in den Nacken; das Gift dringt in den Blutkreislauf der Beute ein, erreicht Muskeln, Gehirn und Nerven und ruft so eine Lähmung des Tieres hervor. Das Gift stammt aus den Speicheldrüsen unter der Zunge. Es ist nicht besonders stark und für den Menschen harmlos, selbst wenn es unter die Haut gelangt. Allenfalls kommt es zu einer kleinen Entzündung, die nach einiger Zeit ohne Folgeschäden wieder abklingt.

◀ Dank ihres Gifts, das für den Menschen ungefährlich ist, kann die Wasserspitzmaus auch größere, wehrhafte Tiere wie diese Mühlkoppe überwältigen. Manchmal legt sie Vorräte aus teilweise verzehrten Schnecken, Fröschen und Fischen an.

ren, kann die Spitzmaus nicht mehr tauchen und somit auch keine Nahrung mehr aus dem Wasser bekommen – ein großes Problem für ein Tier, das die Hälfte seiner Beutetiere im Wasser fängt. Zu anderen Jahreszeiten erbeutet sie dort Flohkrebse, Larven von Libellen, Köcherfliegen und von anderen Insekten sowie hin und wieder auch Schlammschnecken.

Auf Nahrungssuche stöbert die Wasserspitzmaus mit ihrer rüsselartig verlängerten Schnauze im Schlick, unter Steinen am Gewässergrund und im Gewirr der Wasserpflanzen nach passender Beute. In trübem Wasser helfen ihr die langen Tasthaare an der Schnauze. Größere Beutetiere zieht sie aus dem Wasser und schleppt sie zu speziellen Fraßplätzen an der Uferböschung oder auf einem Stein im Wasser. Wer aufmerksam an geeigneten Stellen im Uferbereich danach sucht, kann die Überreste der Spitzmaus-Mahlzeiten finden, etwa die abgebissenen Flügel von Köcherfliegen oder die Gehäuse von Schlammschnekken. Die in den Exkrementen der Wasserspitzmaus enthaltenen Reste im Wasser lebender Beutetiere sind ein weiteres Merkmal, das sie von der Waldspitzmaus unterscheidet. Zur genauen Untersuchung der zerkauten Nahrungsreste benötigt man allerdings ein Mikroskop oder zumindest eine gute Lupe.

FLACHE GÄNGE

Die Wasserspitzmaus lebt in einem Gangsystem mit flachen Laufröhren, in denen sie nach Tauchgängen das Wasser aus dem Pelz streifen kann. Nicht selten quartiert sie sich auch in Gängen ein, die von anderen Tieren – beispielsweise Maulwürfen oder Mäusen – angelegt wurden. Zum Bau der Wasserspitzmaus gehört am Ende einer Laufröhre die Nestkammer, die sie mit Blättern und Gräsern auspolstert. Dort verschläft sie mehrere Stunden des Tages. Manchmal legt sie auch eine Ruhepause an anderen Stellen des Gangsystems oder irgendwo auf ihren Streifzügen durch die dichte Vegetation ein.

Über den Tagesablauf der Wasserspitzmaus ist bisher nur sehr wenig bekannt. Zumindest weiß man, daß sie vor allem in der Dunkelheit aktiv ist. Es kommt aber auch vor, daß sie tagsüber kurzfristig auf Nahrungssuche geht. Da sie jeden Tag das Äquivalent von ungefähr der Hälfte ihres Eigengewichts an Nahrung zu sich nehmen muß, führt sie ein aktives Leben.

Die Wasserspitzmaus ist offenbar ein Einzelgänger. Jedes Individuum verteidigt sein Revier und dringt nur selten in das Territorium eines Artgenossen ein. Sie entfernt sich kaum mehr als 50 m von ihrem Nest. Die an den Flanken gelegenen Moschusdrüsen – ein typisches Merkmal der Spitzmäuse – sind bei der Wasserspitzmaus besonders gut entwickelt. Mit deren Sekret grenzt sie ihr Revier gegen Eindringlinge ab.

RASCHE VERMEHRUNG

Die Wasserspitzmaus mag ein unverträgliches, einzelgängerisches Tier sein, doch wenigstens einmal im Jahr, zur Paarungszeit, müssen die Spitzmäuse ihr Einzelgängertum aufgeben und die Gesellschaft von Artgenossen suchen. Die Paarungszeit beginnt im April, die Tragzeit dauert ungefähr 20 Tage. Eine mittelgroße Familie um-

Streifzüge unter Wasser

Die Wasserspitzmaus verbringt viel Zeit bei der Nahrungssuche an Land, hat aber den starken Drang, im Wasser auf Beutejagd zu gehen. Sie schwimmt und taucht ausgiebig in Flachwasserbereichen, muß aber immer wieder auftauchen, um Luft zu holen.

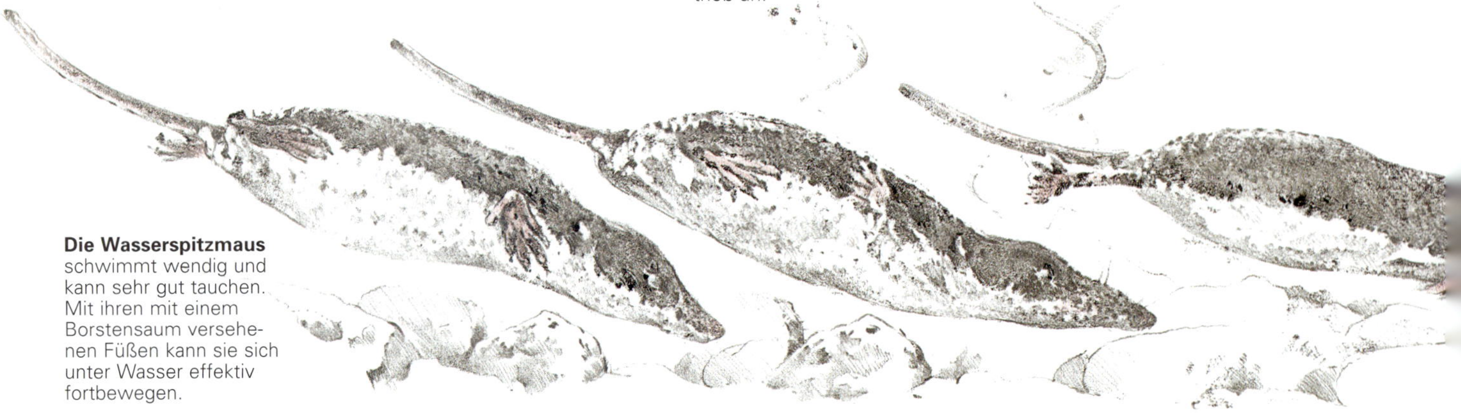

Beim Schwimmen unter Wasser setzt sie ihre Vorder- wie ihre Hinterpfoten ein und paddelt kräftig gegen den recht großen Auftrieb an.

Die beweglichen und sehr sensiblen Tasthaare (Vibrissen) spielen wahrscheinlich eine wichtige Rolle bei der Suche nach Beutetieren, wie Kaulquappen, kleinen Fischen und Köcherfliegenlarven.

Die Wasserspitzmaus schwimmt wendig und kann sehr gut tauchen. Mit ihren mit einem Borstensaum versehenen Füßen kann sie sich unter Wasser effektiv fortbewegen.

◀ **Die Wasserspitzmaus ist für das Leben und die Jagd unter Wasser bestens ausgerüstet. Ein feines Luftkissen in ihrem Fell verleiht ihr eine silbrige Silhouette, die man manchmal durchs Wasser gleiten sieht.**

faßt dann sechs Mitglieder, doch gibt es auch Würfe mit zehn und mehr Jungen. Dennoch sind die Chancen, daß jedes Jungtier eines Wurfs in der freien Natur überlebt, nur sehr gering.

Die neugeborenen Wasserspitzmäuse wiegen bei ihrer Geburt ungefähr 1 g. Sie sind rosafarben, blind und hilflos. Vom vierten Lebenstag an werden sie allmählich dunkler, und am zehnten Tag beginnt das Fell zu sprießen. Die Familie verläßt das Nest gegen Ende der dritten Woche. Oft laufen die Jungtiere im Gänsemarsch hinter der Mutter her und erkunden unter ihrer Führung das Gelände. Insgesamt bleiben sie ungefähr sechs Wochen in der Nähe der Mutter, dann gehen sie ihre eigenen Wege. Die Mutter kann im gleichen Sommer noch einen zweiten Wurf zur Welt bringen und gegen Ende der Saison manchmal sogar noch einen dritten.

Die Fortpflanzungszeit ist für die Wasserspitzmäuse so anstrengend, daß viele Elterntiere sie nicht überleben. Manche Weibchen werfen bereits im Jahr ihrer Geburt zum ersten Mal. Die Fortpflanzungsperiode erstreckt sich in diesem Fall bis in den September hinein. In der Regel werden die Weibchen aber erst im folgenden Jahr trächtig. Einige Wasserspitzmäuse überleben nicht nur einen, sondern sogar zwei Winter und erreichen damit das für Spitzmäuse hohe Alter von 1,5 Jahren.

▲ **Mit ihren borstig behaarten Füßen paddelt die Wasserspitzmaus an die Oberfläche, um Luft zu holen. Wegen der Luftbläschen in ihrem Fell ist der Auftrieb so groß, daß sie wie ein Korken nach oben saust.**

Drolliger Waschbär

Er sieht so richtig zum Liebhaben aus, aber er hat es faustdick hinter den Ohren. Vor 60 Jahren zum ersten Mal bei uns freigelassen, hat er seinen Siegeszug angetreten – heute gibt es nur wenige Landstriche in Deutschland, die noch „waschbärenfrei" sind!

Der Waschbär gehört zur Familie der Kleinbären, die mit einer Ausnahme auf die Neue Welt beschränkt ist. Das natürliche Verbreitungsgebiet des Waschbären erstreckt sich vom südlichen Kanada bis nach Panama.

Reizender Wegelagerer

Fuchsgroßer Geselle von gedrungener Gestalt, hell-dunkel gebänderter Schwanz, schwarz-weiße Gesichtsmaske: der Steckbrief eines Diebes? Auf den ersten Blick könnte es so scheinen, auf den zweiten Blick ist der Waschbär aber geradezu umwerfend goldig!

In seiner ursprünglichen Heimat lebt der Waschbär vor allem in altholzreichen Laubwäldern – besonders in der Nähe von Gewässern –, aber auch in Prärien und Sumpfgebieten. In den Gebirgen findet man ihn bis in 2500 m Höhe. Reine Nadelwälder scheint er eher zu meiden. Selbst die amerikanischen Großstädte hat der Kleinbär bereits erobert. Insbesondere die an den Straßenecken stehenden Müllkübel haben es ihm angetan.

Auch in Deutschland gibt es inzwischen eine „urbane" Waschbären-Bevölkerung, die ergattert, was nicht niet- und nagelfest ist. Die ausgedehnten hessischen Laubwaldgebiete um Kassel mit ihrem dichten Gewässernetz haben dabei sicher zu seiner schnellen Ausbreitung beigetragen.

Alles, was satt macht

Der Waschbär ist meist dämmerungs- und nachtaktiv. Den Tag verbringt er oft in Baumhöhlen, aber auch in Erdhöhlen, Holzstößen, Schuppen und Speichern. Als Allesfresser nutzt er pflanzliche Nahrung wie Beeren, Obst und Nüsse ebenso wie tierische Kost, die von Würmern, Schnekken, Käfern und Vogeleiern bis zu Ratten und Kaninchen reicht. Gelegentlich kann er auch an Fischteichen und in Geflügelstallungen schädlich werden.

Berühmt wurde die Art durch das „Waschen" der Nahrung. In Wirklichkeit versucht er nur, seine Beute unter der Wasseroberfläche zu ertasten. Im Herbst frisst sich der Waschbär eine dicke Speckschicht an. Die kalte Jahreszeit verbringt er weitgehend inaktiv in Winterruhe.

Trillerndes Liebeslied

Die Ranzzeit des Waschbären liegt bei uns meist im Februar. Zu dieser Zeit kann man das Trillern, das das Weibchen bei der Paarung ausstößt, hin und wieder hören. Zum Paarungsritual gehören auch gegenseitiges Felllecken, das auf uns besonders niedlich wirkt. Nach etwa neun Wochen werden die meist 3–5 Jungen geboren. Im Alter von etwa sechs Wochen beginnen die Jungen feste Nahrung aufzunehmen, mit zwei Monaten folgen sie ihrer Mutter auf den ersten Streifzügen.

▲ Waschbär in seinem Element. In der Tierwelt hat dieser Nesträuber mit Ausnahme des Uhus keine Feinde mehr. Viele Tiere fallen aber dem Straßenverkehr zum Opfer oder werden von Jägern getötet.

Der Waschbär in Deutschland

Der Waschbär gehört nicht zur natürlichen heimischen Fauna. Er kommt heute jedoch bei uns fast flächendeckend vor. Der Grund dafür liegt zum einen in aus Pelzfarmen entlaufenen Tieren, zum anderen wurden die Tiere aber auch bewußt eingebürgert. So wurden etwa im Jahre 1934 zwei Paare in der Umgebung des Edersees (Nordhessen) ausgesetzt. Von dort breitete sich die Art kontinuierlich aus. Im Jahre 1965 hatte sie bereits die Lüneburger Heide erreicht, zehn Jahre später wurde sie auch in Schleswig-Holstein festgestellt. Mitte der 1950er Jahre lag der geschätzte Bestand in Deutschland noch bei rund 300 Tieren, um 1980 waren es bereits über 50000 Exemplare! In Kassel, in der Nähe ihres damaligen Aussetzungsortes, sind die anpassungfähigen Tiere bereits stellenweise zu einer Plage geworden, denn sie „okkupieren" auch Dachböden in Häusern.
Auch in vielen anderen europäischen Ländern ist der Waschbär inzwischen durch wandernde Tiere, Gefangenschaftsflüchtlinge und Aussetzungen heimisch geworden.

◀ Possierlich, verspielt, geschickt, neugierig, intelligent und anpassungsfähig: die Erfolgsrezepte der Waschbären.

WEITERE SÄUGETIERE AM WASSER

AM WASSER LEBENDE FLEDERMÄUSE

◀ **Abends jagen Zwergfledermäuse über dem Wasser Insekten. Die Flugkünstler ändern oft jäh ihre Richtung oder vollführen atemberaubende Sturzflüge, um ein Beutetier zu erwischen.**

Obwohl Fledermäuse normalerweise nicht mit Wasser in Verbindung gebracht werden, gibt es doch mehrere Arten, die gerne über dem Wasser jagen und daher auch oft in der Nähe von Gewässern zu beobachten sind.
Die Wasserfledermaus lebt in gewässernahen Wäldern und jagt in der späten Abenddämmerung über dem Wasser Nachtfalter und Eintagsfliegen. Im Bereich der großen Flüsse des Tieflands jagt nicht selten die Zwergfledermaus (Foto), unsere häufigste heimische Fledermausart. Die Fledermäuse profitieren von den großen Mengen an Insekten, die aus dem Wasser aufsteigen, und sicherlich auch vom freien Flugraum über der Wasserfläche.

DER FISCHOTTER

▶ **Der Fischotter hat bevorzugte Jagdreviere, in denen er Fischen und anderen Wirbeltieren nachstellt. Dort kann man mit Glück den seltenen Marder erspähen.**

Der Fischotter jagt meist nachts oder in der Morgendämmerung. Um ihn zu entdecken, sollte man auf den u-förmigen Wasserstrudel achten, der sich hinter dem Schwanz der Tiere bildet. Zur erfolgreichen Jungenaufzucht brauchen sie Uferzonen mit üppigem, naturnahem Pflanzenwuchs, denn nur dort gibt es neben passender Beute auch genügend alte Bäume mit Höhlungen im Wurzelbereich, in denen sie ihre Lager einrichten können. Durch Verbesserung der Wasserqualität, Wiedereinbürgerung einiger Fischarten und konsequenten Schutz konnten sich die stark dezimierten Fischotterbestände gebietsweise wieder erholen.

DER MINK

▶ **Der Mink, eigentlich aus Nordamerika, gräbt keinen eigenen Bau, sondern nutzt häufig vorhandene Höhlen von Ratten oder Kaninchen.**

Den meisten Weidenarten macht es nichts aus, wenn sie gelegentlich „nasse Füße" bekommen. Sie bilden daher vielfach die Begleitgehölze von Flüssen oder Weihern. Ihre Wurzeln tragen zur Stabilisierung der Ufer bei.

Fischotter: Geschwister
eines Wurfs beim Spiel

Von A - Z

Die **fett** gesetzten Seitenzahlen verweisen auf Abbildungen.

BILDNACHWEIS:

Abbildung Umschlag: © Getty Images/J. van Os; Abbildungen Umschlagrückseite: © oben: WILDLIFE/M. Hamblin, unten links: Blickwinkel/A. Hartl, unten Mitte: IFA-Bilderteam/R. Maier, unten rechts: dpa/W. Thieme; Vorsatz/Nachsatz: Blickwinkel/J. Hauke; Seiten 4: Blickwinkel/M. Höfer, Blickwinkel/A. Hartl, Blickwinkel/B. Zoller; 5: Blickwinkel/H. J. Netz, dpa/W. Thieme, Picture Press/P. Weimann; 6: Blickwinkel/R. Wittek; 8: Blickwinkel/M. Höfer; 9: Blickwinkel/A. Hartl; 10: NP/W. S. Paton, M. Read, NP/P. Sterry, NP/E. K. Thompson; 11: NP/P. Sterry, Bio/H. Angel, NP/N. Wilmore; 12: Arco Images/J.&C. Sohns, NP/S. C. Bisserot, NP/E. A. Janes, M. Read; 13: M. Read, NP/P. Sterry; 14: M. Read, NP/P. Sterry; 15: M. Read, NP/P. Sterry; 16: Blickwinkel/R. König; 17: Mauritius Images/H. Reinhard, IMAGO/fototraube.de; 18: BIO/H. Angel; 19: BIO/H. Angel; 18–21: Illustrationen: I. Garrard; 22: Blickwinkel/M. Franken; 23: Arco Images/W. Bollmann, FLPA/W. Wisniewski, FLPA/J. Hutchings; 24–25: Illustrationen: I. Garrard; 26–27: Blickwinkel/F. Herrmann; 28: Blickwinkel/L. Lenz; 29: Blickwinkel/A. Hartl; 30: NHPA/Lutra; 31: FLPA/W. Meinderts; 32: AQ/M. Lane, BC/E. Pott, AQ/C. Wilkins; 33: BC/E. Chriton, BIO/H. Angel, OSF/M. Gibbs; 34–35: Blickwinkel/A. Hartl; 36: WWI/M. Powles; 37: FLPA/W. S. Pitt, FLPA/G. Marcoaldi; 38: BC/J. Burton, BIO/H. Angel; 39: NHPA/D. Heuclin, FLPA/G. Laci, NP/S. C. Bisserot; 40: BC/H. Reinhard; 41: N. Giles, A/P. Morris, NHPA; 42: N. Giles, FLPA/A. Maywald; 43: NHPA/G. Heron, NHPA, H. Angel; 44: N. Giles; 45: BC/H. Reinhard; 46: N. Giles; 47: N. Giles; 48: WILDLIFE/W. Pölzer; 49: WILDLIFE/W. Pölzer, Vision photos/A. Kull, f1 online/W. Pölzer; 50: WILDLIFE/G. Delpho; 51: Blickwinkel/B. Zoller; 52: BC/J. Cancalosi; 53: BC/J. Cancalosi; 54: BC/G. Dore; 55: BC/J. Cancalosi, BC/G. McCarthy; 53–55: Illustrationen: J. Ridyard; 56: BC/G. Ziesler, BC/E. Pott, BC/P. van Gaalen; 57: BC/P. van Gaalen, J. Ridyard; 58: Midsummer Books; 58: Illustrationen: R. Morton; 59: Blickwinkel/M. Höfer; 60: FLPA/R. Wilmshurst, BC/R. van Meurs; 61: FLPS/Silvestris, WP/D. Tipling, FLPA/R. Wilmshurst; 62: WILDLIFE/M. Hamblin; 63: WILDLIFE/A. Rouse; 64: S. Nielsen; 65: NP/W. S. Paton, BC/S. Nielsen; 66: BC/W. Laniken, FLPA/R. Wilmshurst; 67: Ardea/J. Daniels, FLPA/F. Lane, FLPA/R. Wilmshurst; 66–67: Illustrationen: J. Ridyard; 68: D. Chapman, BG/D. Green, NP/P. Sterry, NP/O. Newman, NP/R. Tidman, BC/R. Mair; 69: FLPA/M. Waller, BC/S. Nielsen; 70–75: FLPA/Silvestris, FLPA/F. Pölking, FLPA/H. Clark, BC/C. Varndell, BIO/E. Lutken und C. J. Junge; 72–73: Illustrationen: J. B. Ridyard; 76: Blickwinkel/A. Hartl; 77: Blickwinkel/H. J. Netz; 78: H. Angel; 79: H. Angel, NP/P. Sterry, BC/F. Labhardt; 80–81: Bilderberg/J. Sackermann; 82: OSF/P. Gathercole, OSF/G. I. Bernard; 83: N. Giles, OSF/G. H. Thompson; 84: BC/K. Taylor; 85: FLPA/B. Baorrell, OSF/A. MacEwan, FLPA/M. Rose, BC/A. Purcell; 86: BC/F. Sauer, OSF/G. I. Bernard; 87: FLPA/G. E. Hyde, BIO/H. Angel, Illustration: R. Lewington; 88: NHPA/G. Gainsburgh, OSF/H. Taylor; 89: NHPA//G. I. Bernard, BC/K. Taylor, OSF/C. Milkins; 90: PEP/J. Johansson; 91: Blickwinkel/A. Hartl, WaterFrame.de/W. Pölzer, S. Scott, F. Blackburn; 92: Blickwinkel/O. Giel; 93: dpa/W. Thieme; 94: T. Walmsley; 95: BC/K. Taylor, T. Walmsley; 96: BC/K. Taylor, T. Walmsley, OSF/R. Packwood, OSF/M. Hamblin; 97: Juniors Bildarchiv/W. Layer; 98: FLPA/W. Rohdich, BC/P. Kaya, PEP/M.&C. Denis-hout; 99: BC/E. Pott, FLPA/J. van Arkel; 100–101: Blickwinkel/F. Hecker; 102: Superbild/W. Fiedler; 103: NP/R. Tidman, FLPA/C. Newton, FLPA./R. Hamblin, H. D. Brandl, Blickwinkel/O. Giel; 104: FLPA, NP/G. du Feu, NP/J. Hall, NP/S. C. Bisserot, NP/O. Newman; 105: INTERFOTO/K. H. Jacobi, NP/P. Sterry, NP/C. Newton, NP/N. Phelps Brown; 106: Picture Press/P. Weimann; 107: OSF/T. Shepherd; 108: BBC/J. Foot; 109: AQ/E. Soothill, BBC/H. Reinhard, A/Bomford & Borkowski; 110: WILDLIFE/Geduldig, BB/J. Cancalosi, FLPA/P. Bourguignon, NHPA/D. Griggs, BBC/J. Jurka; 111: BBC/J. Foot, A/S. Meyers, DPA/D. Braud; 112: OSF/P. Sharpe; 113: OSF/T. Shepherd, FLPA/E.&D. Hosking; 114: OSF/T. Shepherd; 115: BC/J. Burton, NHPA/S. Dalton; 114–115: Illustrationen: J. B. Ridyard; 116: OKAPIA/J. McDonald, Blickwinkel/R. Wittek; 117: NP/S. C. Bisserot, BBC/A. Tabor, FLPA/F. de Nooyer, NP/C. Carver; 118/119: IFA-Bilderteam/R. Maier.